顔のたるみでもう悩まない美習慣

松原立恵
監修 三浦直樹 みうらクリニック

エムディエヌコーポレーション

はじめに

たくさんの美容本の中から、この本を手にしていただきありがとうございます。はじめまして、松《まつ》原《ばら》立《りつ》恵《え》です。私は、ビューティエイジングアカデミーというスクールを主宰しています。

姿勢や立ち方を見直す事で、その人の本質的な美しさを引き出す、様々な情報を元に、独自に編み出したビューティメソッドを伝えています。

本書に興味を持ってくださったという事は、現在、顔のたるみに悩んでいるか、もしくは将来のためにたるみ対策をしておきたいと思っているのではないでしょうか。いずれにしても、何かを変えたい、いまのままではいけないと感じているのではないかと思います。

本書はビューティエイジングアカデミーのスクール内で、ミセスモデル育成に使用しているウォーキング講座や、セルフケアの内容を東洋医学の智慧を借りて、たるみ対策プログラムとしてまとめ直したものになります。

本書では、顔のたるみ対策をテーマに掲げていますが、ボディワークがある事に驚いた人もいるかもしれません。これは、立ち方から顔のたるみにアプローチするセミナー企画に端を発します。

一般的に顔にあらわれたトラブルは、専用の化粧品や顔ヨガなどの表情筋トレーニング、美顔器やフェイシャルエステなど、対処療法で解決しようとするケースが多いと思います。かくいう私も40代の頃、顔のたるみに愕然として顔ヨガインストラクターのアドバンス資格まで取得したほどです。

しかし、顔ヨガインストラクターとして活動する中で、もっと根本からアプローチする事の大切さに気がつきました。それが、立ち方、つまり本来あるべき姿勢を保ち、からだ全体からたるみを矯正する事です。

会議室などで顔ヨガレッスンをする場合、座りっぱなしで手鏡やスタンドミラーをデスクに置き、背中を曲げて前かがみの姿勢でレッスンをする事になります。実はそれだけで顔のたるみに繋がっていたのです。そこに気づき、顔ヨガレッスンの前に立ち方を整えるワークからスタートする事にしました。すると、顔がリフトアップする生徒さんが続出したのです。

私たちのからだは姿勢を整えるだけで、筋肉、関節、内臓も本来あるべきところに収まります。そうする事で、血液もリンパも正しく循環します。その結果、健康な細胞組織がつくられ、たるみ解消に繋がり、自然と顔が整ってきます。

東洋医学には、肌は内臓を映し出す鏡であるという言葉があります。東洋医学でいう〝脾《ひ》〟とは、いわゆる〝消化器系〟を指し、食べたものを栄養吸収する役割を担っています。しかし、たるみは〝脾〟が弱る事によって出現する現象だといわれています。姿勢が悪いと内臓が圧迫され、からだは健康的に機能しません。

このようにインナーケアをする事で顔のたるみにアプローチする事ができると考えます。

現代社会では、スマートフォンやパソコンなくして仕事が成り立たないほど、デスクワークの時間が増えました。普段から気をつけている人でも、姿勢が崩れがちです。

そこで、たった10秒でリセットできるボディワークを集めました。特に時間別に分けた5つのワークは、いつでもどこでも気がついた時にできるよう、立ったままできるものを厳選しました。

毎日の疲れやからだのゆがみに気がついた時に、10秒でリセットする習慣を身につける事がたるみの解消に効果的です。コツは毎日の習慣にする事です。仕事や家事の合間にぜひトライしてください。

さて、スクール名にあるビューティエイジングとは、アンチエイジングとは異なります。衰えに無理に抗うのではなく、衰えを受け入れ、自らの手でケアして美をつくり出す美容方法です。若い頃のように無理をしたダイエットでつくったボディは持続しません。表情筋トレーニングもやめると効果がなくなります。いつまでも美しくいるためには、10年後も20年後もできる事を楽しみながらコツコツと継続する事です。

50歳と銘打っているのは、私自身が48歳でモデルデビューを果たした経験を持ち、いまからでも遅くはないという実体験に基づいているからです。若いから美しいのではなく、衰えを受け入れ、日々のケアを積み重ねる事で美しさはつくれる、これがビューティエイジングの根幹にある考え方です。

例えば、美しい人に美の秘訣を聞いても「何もしていません」といわれた事があるのではないでしょうか。モデルの友人は食事をする時に、背もたれを使いません。そうする事で本来の姿勢になれて、食べすぎる事もありません。彼女たちにとってそれは特別な事でなく、ごく当たり前の事。美しい人には、当たり前のように自分のものにしている習慣がたくさんあります。

はじめるのは50歳からでも60歳からでも遅くはありません。コツはたった10秒。毎日、歯磨きレベルの習慣にする事。未来への美の貯金だと思って、楽しみながら取り組む事です。

人は誰もが自分の生命を輝かせる力を自分の中に持っています。私の事を昔から知る友人からは「いまが一番若々しい」といわれます。このメソッドは、持続可能な取り組みでしっかりとしたからだの基盤をつくり、たるみの解消はもちろん美肌にも繋がります。

いつまでも美しくいるために、一緒にビューティエイジングをはじめましょう。一度きりの人生、自分なりの美を手にしてこれからの人生を素敵に輝かせましょう。この本が美を諦めかけていた女性の一助になれば幸いです。

Contents

季節ごとの美習慣 夏

季節ごとの美習慣 晩夏

季節ごとの美習慣 秋

季節ごとの美習慣 冬

Chapter

1

からだを癒す美習慣の秘密

いまが一番若い自分　はじめるのに遅すぎる事はない

ふとした時に鏡に映った自分の顔があまりにも老けていて驚いた、という経験を持つ人も多いのではないでしょうか？

私も40代にさしかかった頃、電車のガラス窓に映った自分の真顔を見て愕然としました。たるみがひど過ぎて一瞬誰だかわからなかったほどです。改めて自分の顔を見直してみると、顔にはシミが増え、シワもどんどん深くなって目立つようになり、表情も若い頃と比べて随分と硬くなっていました。あの時は現実を突きつけられて愕然としたのを覚えています。

若い頃は特別なケアをしなくても自分自身の持っている治癒力が高いので、大きく肌にダメージを残す事なく、ハリやツヤのある肌をキープできます。本来私たちのからだには特別なケアをしなくても、ベストコンディションを保つ力が備わっているのです。それが年齢を重ねると様々な理由で治癒力が弱り、顔のたるみをつくりやすくなってしまいます。

しかし、そこで「年齢を重ねたら顔のたるみは仕方がない事」だと諦めてしまうのは早すぎます。

たくさんの生徒さんを指導する中で、悩みを抱えている人は皆知らず知らずのうちにからだを疲れさせる生活習慣を行なっている事に気づきました。例えば、毎日座りっぱなしであったり、からだが丸まり真っ直ぐ立てていなかったり、あなたにも心当たりはありませんか？　正しい姿勢はからだへの負担を減らします。一見ささいな事でも、毎日の習慣の積み重ねが今の肌トラブルに繋がっているのです。いきなり全ての習慣を変えるのは難しいと思いますが、ひとつずつ美習慣を身につけていければ、あなた自身の本来の治癒力を引き出す事ができるはずです。

本来の治癒力を呼び覚ます事ができれば、余分な脂肪や老廃物はからだから排出され、サラサラの血液が栄養を全身に送り届けるようになります。治癒力はすでにあなたが持っている力なので、ほんの少しの習慣改善によって治癒力の回復を実感できるはずです。

「いまからやっても効果は得られるの？」「毎日続けられる自信がない」など、もしかしたら過去の挫折経験から疑心暗鬼になっている人もいるかもしれません。しかし『いまが一番若い自分』という言葉があるように何かをはじめるのに遅すぎる事はありません。

私たちのからだには からだを癒す力が 備わっている

からだに
負担をかける習慣を
続けると治癒力が落ちて
若い頃のように
肌コンディションを
キープできない

↓

からだの
負担を減らす美習慣を
続けると本来の
治癒力を取り戻して
**顔のたるみが
改善**

肌は内臓を映し出す鏡 顔トラブルの原因は内臓にある

全身のツボが足裏に集まっているのを聞いた事があると思います。

足裏のツボから内臓のケアができたり、逆に内臓の不調があると足裏の反射区が硬くなったり、からだの離れた部位同士が影響し合っています。実は顔にも足裏と同じように内臓の反射区が集まっていて、顔色の変化や目の充血、肌の湿疹や吹き出物など、気になる顔トラブルはからだの内側からのサインなのです。

東洋医学の考え方で『肌は内臓を映し出す鏡』という言葉があります。肌は全身の様々な内臓から影響を受けます。なので内臓をケアする事がスキンケアにはとても大切です。

例えば目の下にクマがあらわれるのは、血行が悪くデトックスが不十分で新陳代謝が悪くなっているサイン。肌にハリがなくたるんでしまうのは、胃腸が疲れて十分な消化吸収ができていないサインです。このように顔は反射区関係にある特定の場所と結びついているので、内臓に疲れがあると顔にも何かしらのトラブル（内臓からのサイン）があらわれます。

今まで様々なスキンケアを試してきたと思います。しかし、いまこの本を読んでいるという事は、顔のスキンケアだけでは満足のいく結果が得られなかったのではないでしょうか。それもそのはず、内臓のケアができていないと、いつまでも肌トラブルは解消されません。『からだの外側と内側の両方からケアする事』こそが大切なのです。

東洋医学では、私たちのからだは全体でひとつのバランスを保っていると考えます。肌トラブルや顔のたるみは表面的な問題だけではありません。からだの内側と外側両方からのケアを習慣にしましょう。

顔にある全身の反射区

私たちの顔には全身のあらゆる内臓の反射区が集まっている
スキンケアだけでなくからだの外側と内側の両方からのケアがとても大切

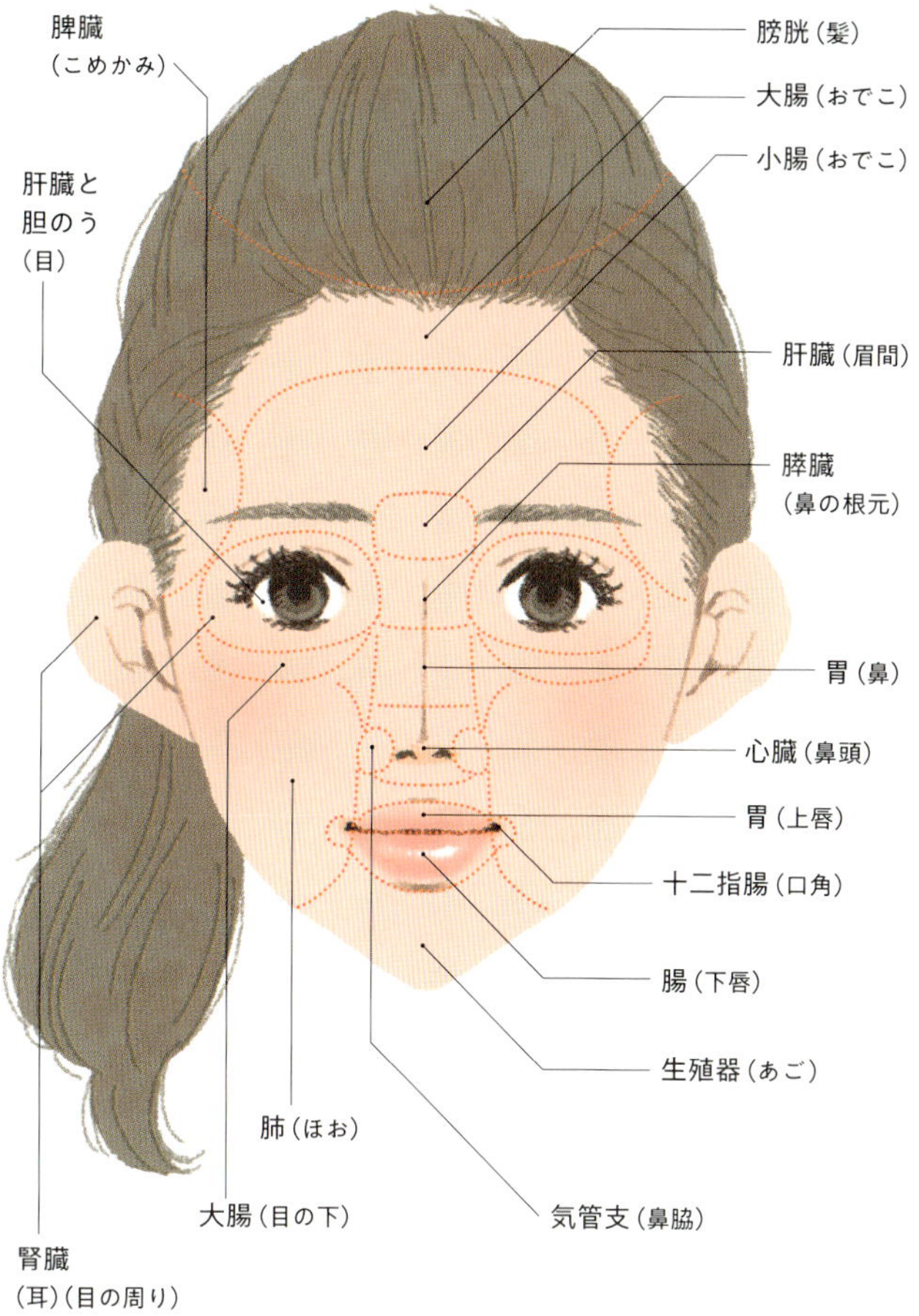

脾臓（こめかみ）
肝臓と胆のう（目）
膀胱（髪）
大腸（おでこ）
小腸（おでこ）
肝臓（眉間）
膵臓（鼻の根元）
胃（鼻）
心臓（鼻頭）
胃（上唇）
十二指腸（口角）
腸（下唇）
生殖器（あご）
肺（ほお）
大腸（目の下）
気管支（鼻脇）
腎臓（耳）（目の周り）

からだの内面から美しくなる 東洋医学はミセス世代にこそおすすめ

東洋医学ではからだのある場所の不調がからだ全体に影響を及ぼし、離れた別の場所にも症状があらわれるといわれています。

「顔のたるみをなくしたい」「若々しい肌をいつまでも維持したい」など様々な悩みがあると思います。

東洋医学の考えではこうした悩みに対して悩みのパーツだけではなく、からだ全体の調子を整える事でトラブルを解消していきます。例えば、目は肝臓の反射区（p.15）なので目が充血しやすいのは肝臓のケアで収まる事があります。更に、肝臓をケアして体内のデトックスの働きが改善されると「むくみが取れてたるみが解消される」「肌のツヤがあらわれる」など、目的のトラブルを治療する中で、他のトラブルも一緒に消えているという事も珍しくありません。

メイクやファッションで毎回カバーする事とは違い、本来の自分の力を引き出して輝く『からだの内面から美しくなる』東洋医学のアプローチは、ミセス世代にこそおすすめです。

そんな東洋医学を知る上で重要な考え方として、気《き》・血《けつ》・水《すい》と経絡《けいらく》があります。

東洋医学は気《き》の医学ともいわれます。気は私たちのからだを維持する生命エネルギーと考えてください。気が正常に全身のすみずみまで巡っている状態を東洋医学では健康と考え、反対に気の巡りが悪くなると病気になると考えられています。血《けつ》は血液の事で、水《すい》は血液以外の水分（リンパ液、唾液、汗など）を意味します。気のエネルギーが全身に血と水を運び、血は栄養を全身に届け、水はからだを潤します。そして、気・血・水が全身を巡るための通路を経絡《けいらく》と呼びます。

この経絡を流れる気の巡りが滞ると、からだに様々な不調があらわれるのです。私たちのからだには、たくさんの経絡が全身に張り巡らされています。経絡を流れる気の巡りを整える事が内臓のケアになり、内面から肌も美しくなる事に繋がります。

経絡を流れる気の巡りを整える

からだの表面を通っている経絡をケアして、
からだの内側を直接ケア
顔の反射区を参考にして、内臓をケアする事が
顔のたるみ対策に繋がる

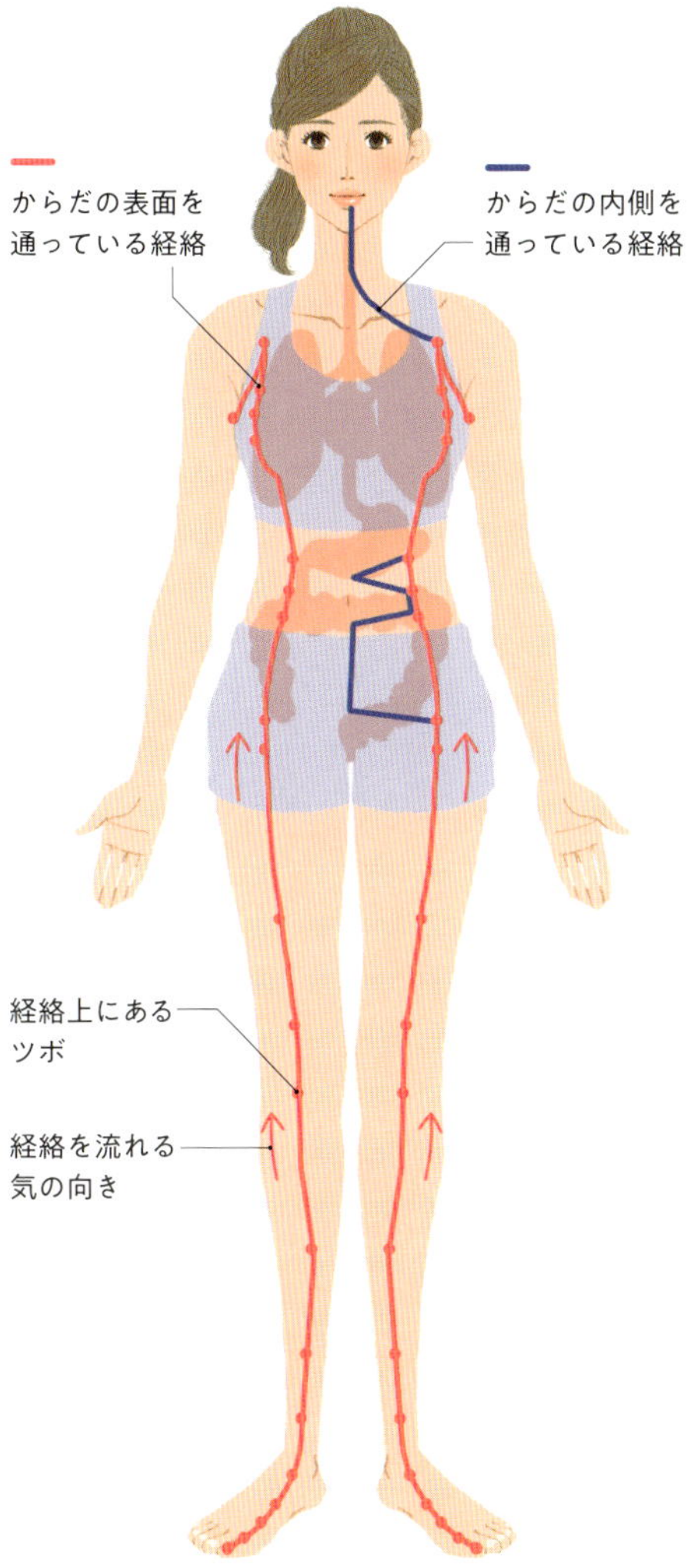

持続的な肌のたるみ対策　気の乱れを整える

東洋医学の考え方では、全身の気が過不足なく正常に流れているのが健康な状態です。なので何かトラブルに悩まされている人は、体内の気の流れに乱れがある状態といえます。経絡《けいらく》をケアして気《き》・血《けつ》・水《すい》の乱れを整えれば、あなた自身が持っている本来の治癒力を取り戻せます。

経絡ケアでからだの内側からベストコンディションを保つ事が、エステをした瞬間だけしか維持できなかった肌質の向上とは違う『持続的な肌のたるみ対策』になるのです。

「具体的にはどうしたら顔のたるみをケアできるの？」とお思いでしょう。経絡のケアと聞くと難しそうに感じるかもしれませんが、例えば馴染み深い「ツボ押し」も経絡ケアのひとつの方法です。手でツボを押して刺激すると気の流れが促されているのです。しかし、ツボの位置を押すには専門知識が必要です。そこでもう少し簡単な方法として、経絡に沿って手のひら全体で肌をなでてみましょう。すると肌に触れてなでるだけでも、刺激は伝わり気の流れを促す事ができます。間違えて触れても悪い事はないので、大雑把に経絡の位置をイメージしてなでてみましょう。経絡やツボ自体は小さくても、大きな手のひら全体でなでれば、初心者でも簡単にケアできます。

加えて「普段から内臓に負担をかけない食生活」も欠かせません。医食同源という言葉があるように、からだは自分が食べたものからできています。健康を保つためにも、美しさを手に入れるためにも、食事は欠かせない要素です。例えば弱った内臓を助ける食べ物を選んで気・血・水の乱れを食事から改善していく事もできます。

ハリと弾力のある血色のいい肌、艶のある髪、それだけでも年齢を感じさせず、イキイキとして見えるものです。メイクやヘアアレンジが生きてくるのも、そんな健康的な素材があるからこそ。トラブルを隠すためだけにするメイクからはもう卒業しましょう。

経絡ケアが
顔のたるみ対策になるプロセス

変化は少しずつでも続ければ
この先ずっと続く持続的な顔のたるみ対策になる

肌に触れて
経絡に刺激を与える

↓

気の巡りが促がされる

↓

内臓の活性化に繋がる

↓

からだの治癒力を取り戻す

↓

顔の反射区にあらわれる
トラブルが減る

↓

持続的な顔のたるみ対策

正しい立ち方は美習慣の基本

立ち姿勢は、最も日常的な美習慣のひとつです。立ち姿勢の乱れが、知らず知らずの間にあなたのからだの負担になっているかもしれません。

正しい立ち方というのは親指の母指球《ぼしきゅう》に体重を乗せて、足腰、胸、頭がまっすぐに連なるのが本来の正しい立ち方です。

しかし、数多くの生徒さんを指導していく中で、足の親指と人差し指が使えない人は、いくら時間と努力を重ねても正しく立てない事に気がつきました。

足の親指と人差し指には脾《ひ》経・肝経・胃経の経絡があります。いつまでも若々しくいるためには「脾」の力がとても大切なので、脾経と胃経が通る親指と人差し指を使って正しく立つ事は、気の流れのケアから見ても重要です。

正しく立てない人はその2本の指が変形していたり、指と指で挟む力が低下したりします。すると足に必要な土踏まずが育たず、地面の衝撃をダイレクトに受けるなど、どうしても疲れやすい足になります。更に、からだ全体を支える足裏が乱れていると、お腹でからだを支えられずに内臓は下垂し、胃腸もきちんと機能せず、食べたものを自分のからだの栄養にする事ができません。つまり慢性的なエネルギー不足です。

そのため正しく立てない人には、年齢より老けて見られる、顔全体が下垂しハリツヤがないなど、顔のたるみで悩んでいる人も多いのです。

「脾」は東洋医学の五行でいうと「土」に当たるところで、まさに土が悪いと良い作物は育ちません。

土の本来の姿を取り戻す。それだけで私たちのからだに必要な素材を生み出す力が増し、たるみを寄せ付けない土台がつくられるのです。

Chapter

2

からだをケアする5つのワーク

からだを5つに分けてケアする

本書では数ある経絡《けいらく》の中から、特に大切な経絡にアプローチして、からだ全身をケアしていきます。東洋医学では、全てのものを5つに分類して物事を見る考え方があり、私たちのからだも5つに分類できます。この5つの分類を元に全身をケアしていきます。

五臓六腑という言葉を聞いた事があるでしょうか。この五臓というのが私たちのからだの中の分類で「肝《かん》・心《しん》・脾《ひ》・肺《はい》・腎《じん》」という名がつけられています。五臓と聞いて5つの内臓の事と思ったかもしれませんが、東洋医学の考えでは五臓にはより多くの意味合いが含まれます。簡単に表現すると役割ごとに分けられたグループ名で、体内での働きや影響し合うからだの部位、更に感情などをまとめたグループといった具合です。例えば肝《かん》には脂肪や老廃物をデトックスする働きがあり、気を全身に行き渡らせたり血を貯蔵したりしています。体内で具体的に働く部位は肝臓や胆のうですが、何か肝に不調があった時は肝の反射区にトラブルのサインがあらわれます。肝以外の心・脾・肺・腎らも同様にそれぞれの役割があり、それぞれがお互いに影響し合って私たちのからだはバランスを保っています。五臓のどこかひとつにトラブルが起きれば、他の部位にもトラブルは伝染します。全身の経絡をケアして五臓を癒す事が、からだ本来の治癒力を取り戻した持続的なたるみのない肌づくりになります。

5つの分類と役割

**私たちのからだは役割ごとに肝・心・脾・肺・腎の5つに分類される
それぞれに関係する10の経絡をケアして全身を整える**

くすみのない
透明感ある肌づくり

肝は糖や脂肪の代謝、血液の貯蔵、また分解や排泄の役割がある。新陳代謝やデトックスがテーマ。

ケアする経絡

肝経と胆経

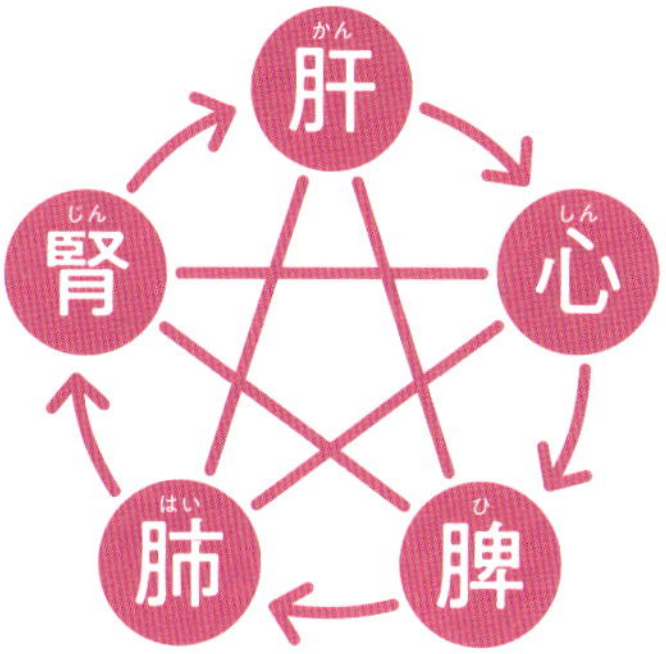

血色のいい
ツヤ肌づくり

心は全身にエネルギーを配り、体温を維持する役割がある。血流循環がテーマ。

ケアする経絡

心経と小腸経

ハリのある
若々しい肌づくり

脾は消化を担当し、その栄養を全身に配る役割がある。消化吸収がテーマ。

ケアする経絡

脾経と胃経

潤いのある
しっとりとした肌づくり

肺は空気の出入りを担当し、呼吸を通して不要なものを外へ排出する役割がある。皮膚のターンオーバーがテーマ。

ケアする経絡

肺経と大腸経

むくみのない
瑞々しい肌づくり

腎は生きるエネルギーを蓄えるところで、発育や生殖にも大きな役割がある。水分コントロールがテーマ。

ケアする経絡

腎経と膀胱経

1回10秒の経絡ケア

経絡《けいらく》のケアは難しくありません。立ったまま行えて1回10秒の手軽にできる経絡ケアの方法を紹介します。手順はたったの2ステップ。

1「経絡に沿って直接手で刺激して気血を巡らす」

2「からだ全体を使ったストレッチで、手の届きにくい経絡にも刺激を与える」

この時に強い力で刺激する必要はありません。手で肌をなでて気の流れを促すように刺激を与えます。

私たちのからだは意識を向ける事だけでも、その部分に影響を与えられます。例えばお腹が痛い時、お腹に手を当ててさすると痛みが弱まった経験はありませんか。治療を「手当て」というように、意識を向けて直接手で触れる事にもからだを癒す力があるのです。経絡ケアも同様で経絡の流れを意識しつつ、さらに手で触れたりからだを動かしたりしてあげる事が気の流れのケアになります。

加えて、私たちのからだは1日の中で気の流れ方が変化します。経絡ケアをするのに適したタイミングがあるので、「肝《かん》・心《しん》・脾《ひ》・肺《はい》・腎《じん》」の5つのグループをケアするおすすめのタイミングを紹介します。大まかにタイミングを分けると、朝は活動をはじめる準備段階で、日中にもっとも活発になり、夜は眠りに向けて気の巡りも徐々に穏やかになります。

私たちのからだは様々な事が密接に関わり合っているので「意識を向ける」「手当てをする」「からだを動かす」といった小さなケアの積み重ねが大切です。

毎日5つの経絡ケアを行う事が理想です。しかし、型にはまる事を意識しすぎて身動きが取れないなんていうのは勿体ない。まずは少しずつでも経絡ケアをはじめてみましょう。

経絡ケアの2ステップ

**直接肌に触れて経絡に沿って刺激すると、気の流れのケアになる
手の届かない場所も、経絡のある場所を意識して全身を動かしてケアする**

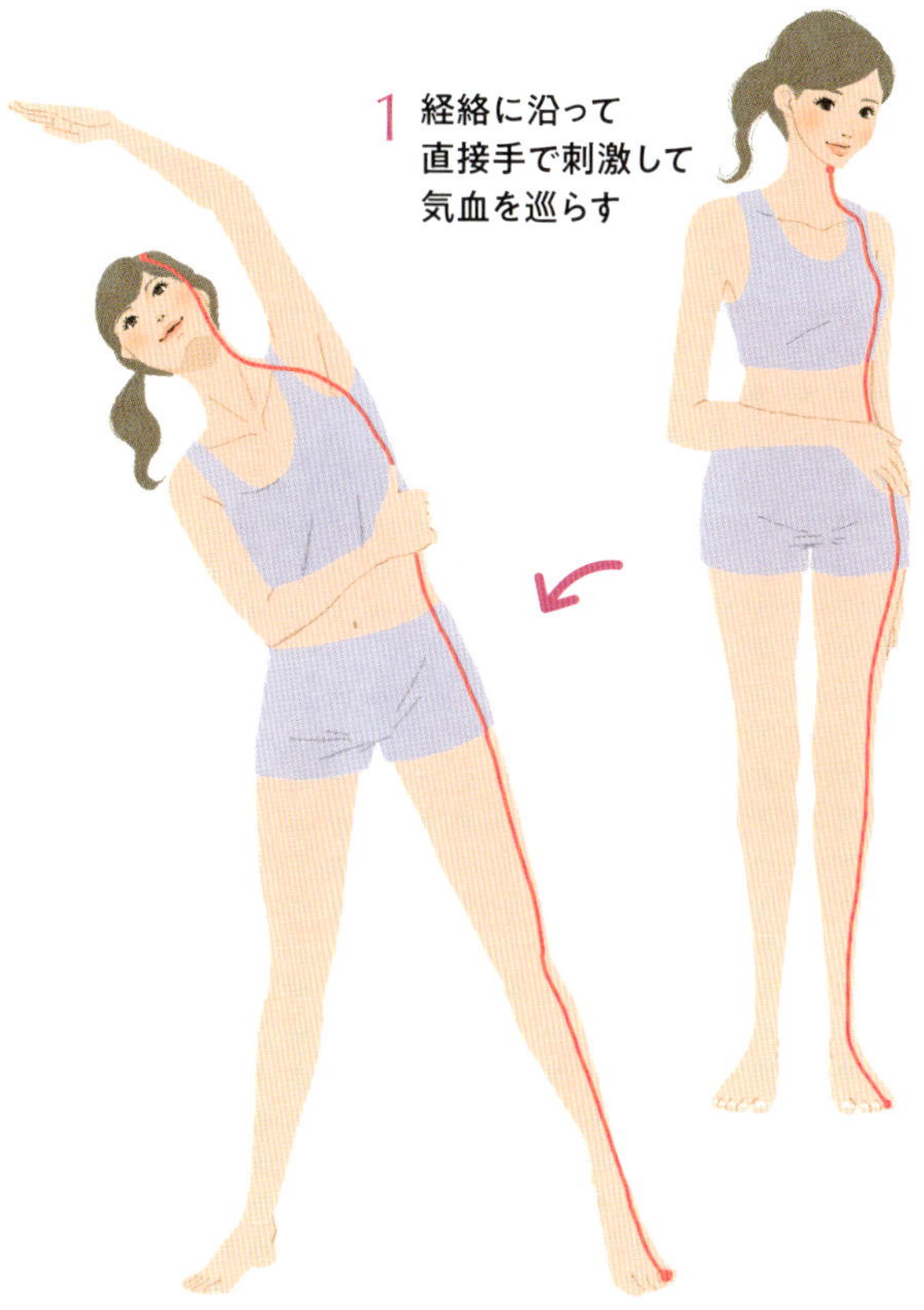
1 経絡に沿って直接手で刺激して気血を巡らす

2 からだ全体を使ったストレッチで、手の届きにくい経絡にも刺激を与える

※この時に経絡の位置と
気の流れの向きを意識するのがコツ

朝のワーク
透明感あるたるみのない肌づくり

＊ワークの仕方…肝経・胆経

1 足の親指から上に向かって肝経をなでる ◀

2 顔からからだの脇に沿って足の小指まで胆経をなでる ◀

3 体側を伸ばすようにポーズをとり、深呼吸をしながら10秒キープ ◀

4 1～3を反対側も同様に行う

反対側も
同様に行う
胆経を
刺激する意識で
体側を伸ばす
内股からお腹まで
肝経を刺激する
イメージで
お腹を引き上げる
胆経
親指に
体重を乗せて
内股の肝経を
刺激するように
胆経のある
薬指を
意識する
肝経
着地している足は、
肝経のはじまる
親指を意識する
かかとを上げると
体側を
伸ばしやすい

朝のスタートアップに肝のケアは欠かせない

朝は夜の間に体内に蓄えられた気（エネルギー）を解放して、からだに行き渡らせるタイミングです。肝《かん》の経絡がある体側をしっかり伸ばす事で、からだはのびのびとまっすぐ立ち上がりやすくなります。加えて、肝は自律神経と関わりが深いので、朝に肝をケアすると気持ちもスッキリと整います。私たちのからだは自然と朝になれば気を巡らそうと準備をはじめます。そのため肝の経絡をケアしてその働きをサポートしてあげる事が、朝のスタートアップには欠かせません。

経絡について

経絡には流れの向きがあります。経絡図を参考に手で経絡をなでて気の流れを促します。

肝《かん》経《けい》

肝の調子を整えて、体内の血と気の巡りを促す。ストレス緩和にも効果的。

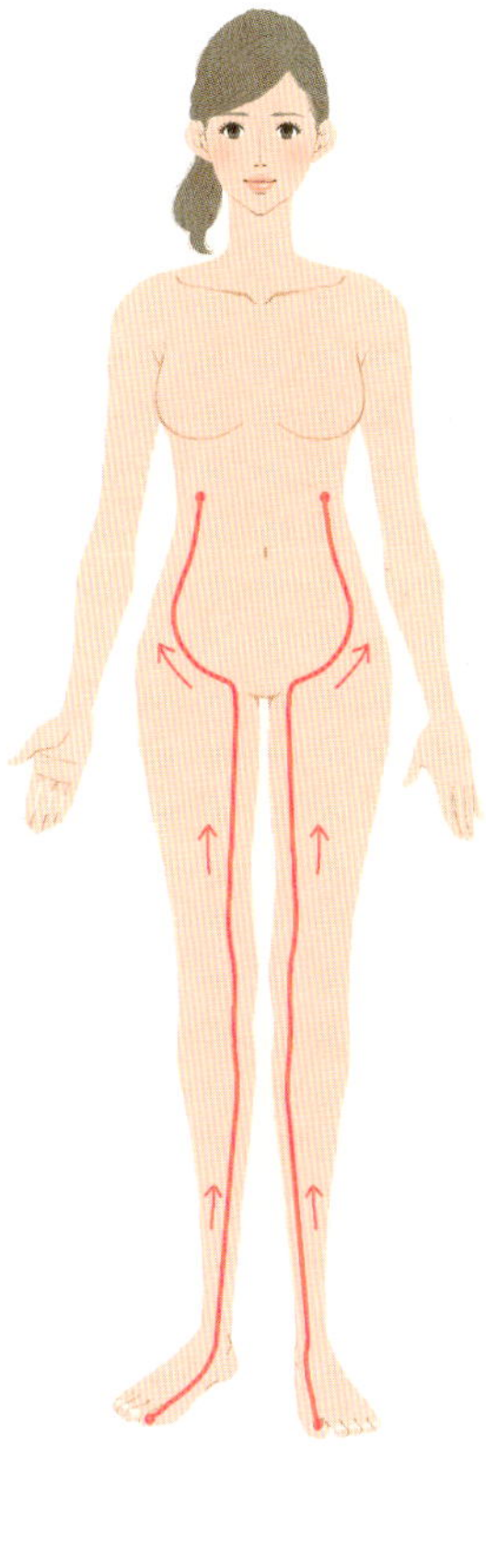

胆《たん》経《けい》

肝経と関わりの深い経絡。頭の横を通っていて、アゴの咀嚼《そしゃく》筋などフェイスラインのケアに効果的。

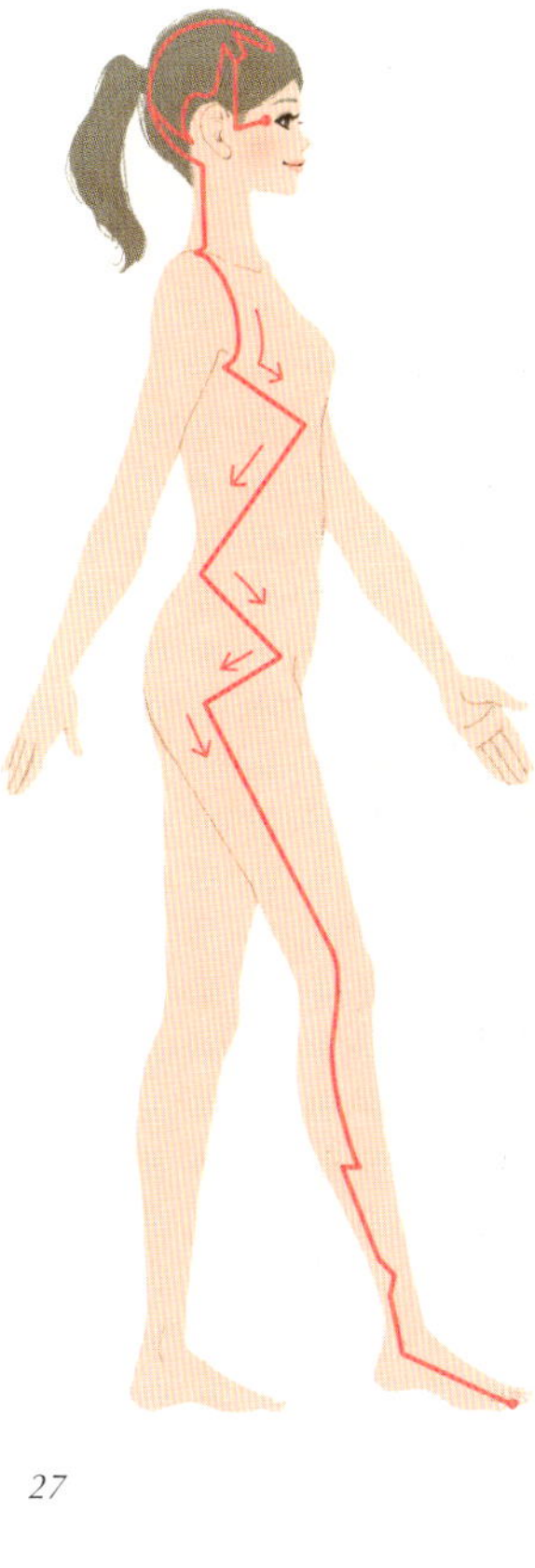

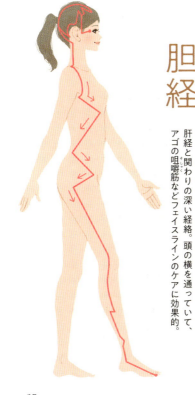

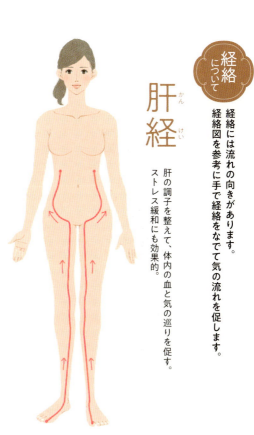

昼のワーク
血色のいいツヤ肌づくり

＊ワークの仕方…心経

1 胸から手の小指まで腕の内側を通る心経をなでる

▼

2 小指を意識してポーズをとり、深呼吸をしながら10秒キープ

＊ワークの仕方…小腸経

1 小指から背中、肩、顔へ流れる小腸経をなでる

▼

2 全身の力を抜き、小腸経のある腕と背中を刺激するポーズで10秒キープ

心経
胸を開いて
大きく呼吸
胸から
手の小指までの
心経を刺激する
脚を肩幅に
開く

小腸経
肘は
ゆるく構えて
力を抜く
背中を開く
ようにして
力を抜く
膝の力を抜いて
力が入らないように
全身をゆるめる

高まった気《き》血《けつ》を全身に巡らせてからだを整える

昼は循環器系をコントロールする心《しん》が活発に活動するタイミング。1日の中でもっとも体内の気が高まる時間帯です。心の経絡がある胸を大きく開いて、高まった気血のエネルギーをからだのすみずみまで循環させましょう。心経と対になる小腸経は、顔を通っているので、たるみ対策として積極的にケアしたい部位です。心は体温維持の働きもあるので、からだの冷えが気になる時にもおすすめです。座り仕事の合間に経絡をなでてあげるなど、普段の生活に取り入れやすいワークです。

経絡について

経絡には流れの向きがあります。経絡図を参考に手で経絡をなでて気の流れを促します。

心《しん》経《けい》

気血を全身に届け、体内のエネルギーを司る。ストレスを受けた心を落ち着かせる働きもある。

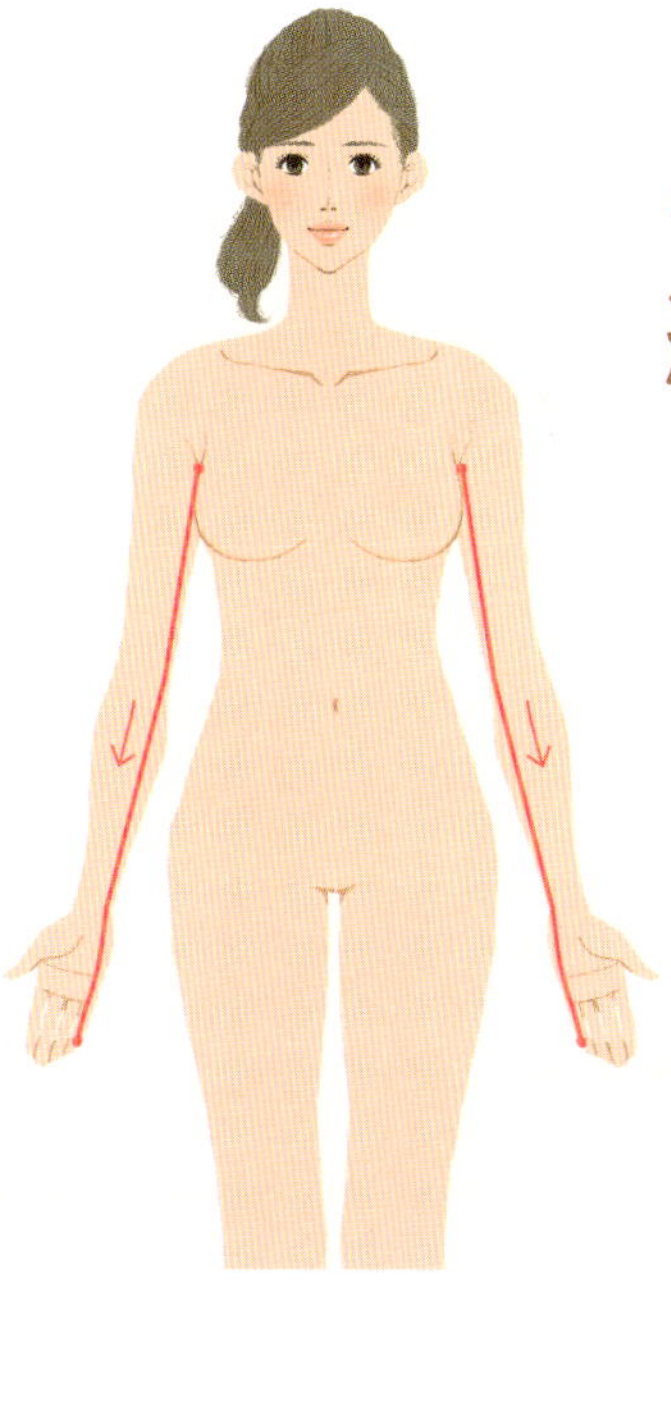

小《しょう》腸《ちょう》経《けい》

たるみに影響する咀嚼《そしゃく》筋がゆるむので、フェイスラインのたるみ防止に関わる。小腸経は肩こりのケアにも効果的。

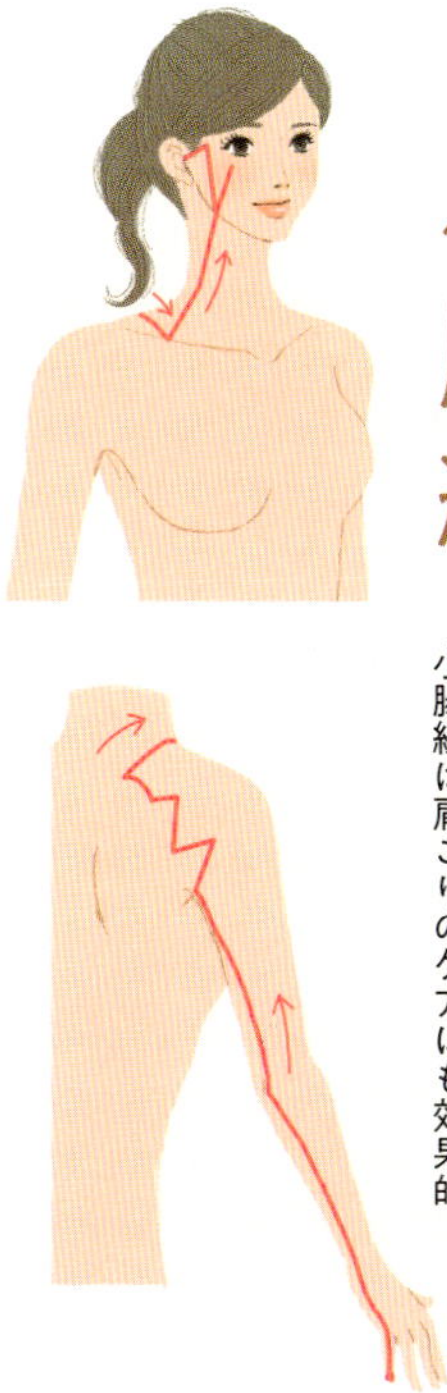

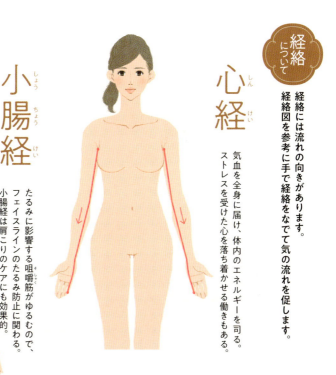

間のワーク
ハリのある若々しい肌づくり

✻ワークの仕方…脾経

1 足の親指からからだの前面を通る脾経《ひけい》をなでる ◀

2 親指に体重を乗せて、全身を伸ばして10秒キープ

✻ワークの仕方…胃経

1 顔から足の人差し指に向かって胃経をなでる ◀

2 鼠蹊部《そけいぶ》を伸ばすようにポーズをとり、上を向いて10秒キープ ◀

3 左右の脚を変えて、同様に行う

胃経
体重を前にかけると、鼠蹊部《そけいぶ》が伸ばしやすい
背中をまっすぐ伸ばす
鼠蹊部《そけいぶ》をしっかり伸ばす
全身を上に引き上げる
脾経
親指に体重を乗せるようにしてかかとをつけてまっすぐ立つ

たるみ改善の要になる脾《ひ》のケアを習慣づける

間というのは朝と昼の間、昼と夕方の間など変わり目のタイミングと考えてください。顔のたるみは内臓のたるみと東洋医学では考えますが、まさに脾《ひ》はたるみ改善の要になるところです。お腹を中心にして上半身と下半身を整える事が、内臓を本来のあるべき状態に戻す事に繋がります。5つの経絡ケアの中でももっとも顔のたるみ対策におすすめするワークです。脾は現代人に負担がかかりやすい場所なので、脾をケアする習慣を心がけましょう。

経絡について

経絡には流れの向きがあります。経絡図を参考に手で経絡をなでて気の流れを促します。

脾《ひ》経《けい》

消化吸収に関わり、食べ物から必要な栄養を吸収する。まっすぐ姿勢良く立つ事でも脾経の負担を減らせる。

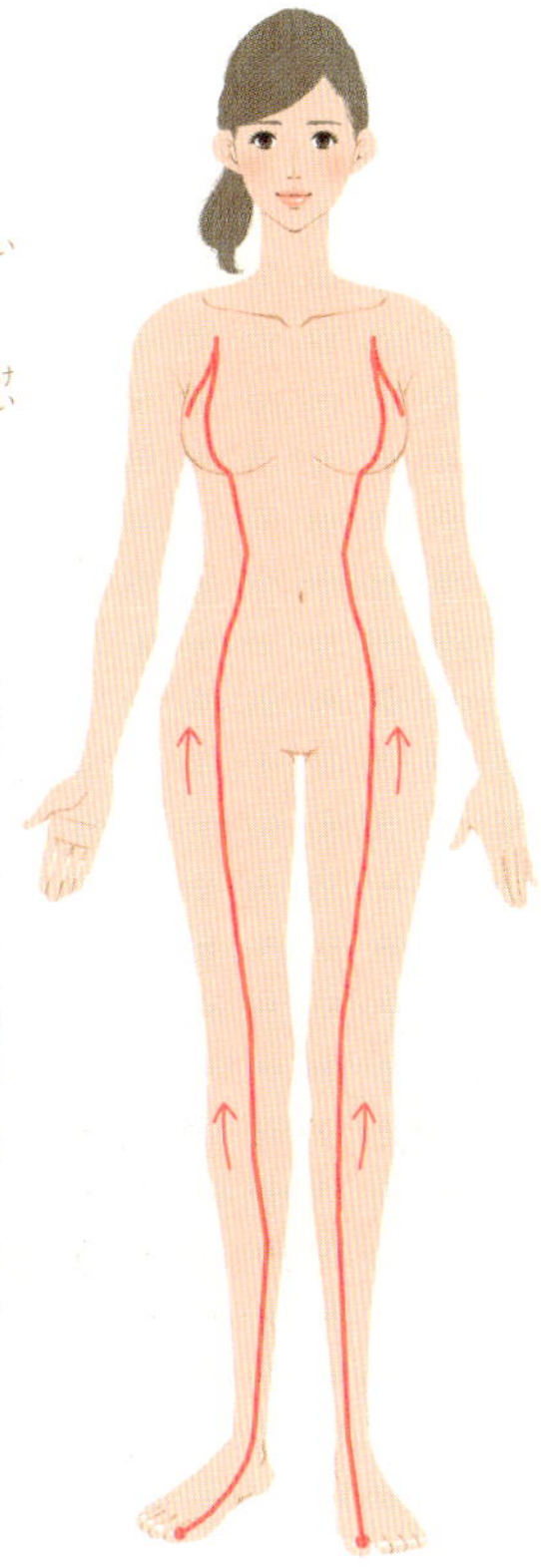

胃《い》経《けい》

たるみの原因となる、ほおの筋肉を鍛える事にも効果的。からだの前面を通る胃経はからだの前面に出た痛みのケアにも関係します。

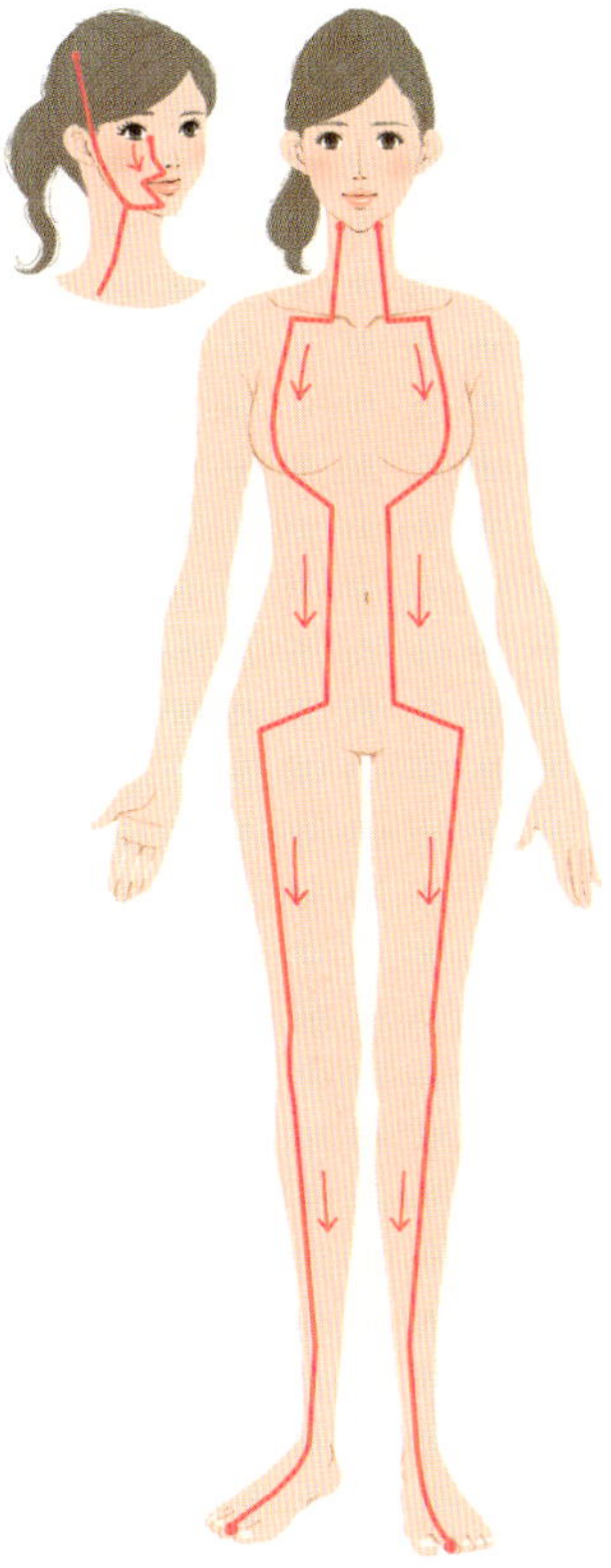

夕のワーク
潤いのある しっとりとした肌づくり

＊ワークの仕方…肺経・大腸経

1 胸から腕の内側を流れる肺経を親指の先までなでる ◀

2 人差し指から鼻の横まで流れる大腸経をなでる ◀

3 1～2を左右両方の腕で行う ◀

4 指はピストルポーズでキラキラと交互に腕をひねる

肺経は
肺に繋がるので
鼻呼吸を意識する
肺経
大腸経
左右で
上下逆方向に
腕をひねる
足を揃えて
まっすぐ立つ
大腸経
肺経

指はピストルポーズ

肺経と大腸経は腕を通っていて、それぞれ指に繋がっています。指先まで気の巡りを意識してピストルポーズで行います。

深い呼吸でからだのすみずみまで流れる気を整える

夕はリンパ系と関わりの深い肺《はい》が活発になるタイミングです。肺の経絡がある肩周りを解放する事で呼吸は深くなり、リンパの流れもよくなります。肺は呼吸で空気の出し入れを行うと同時に、体内の水分コントロールもしています。悪い姿勢はそれだけで肺に負担がかかります。猫背で肺が縮こまり呼吸が浅いのは、むくみや乾燥に繋がるので注意。肺と大腸の経絡をケアして、日中の活動で溜まった老廃物や余分な水分をしっかりと流して、体内に溜め込まないようにしましょう。

経絡について

経絡には流れの向きがあります。経絡図を参考に手で経絡をなでて気の流れを促します。

肺《はい》経《けい》

肩こりやむくみの解消に効果的です。また鼻呼吸はほうれい線対策にもなります。

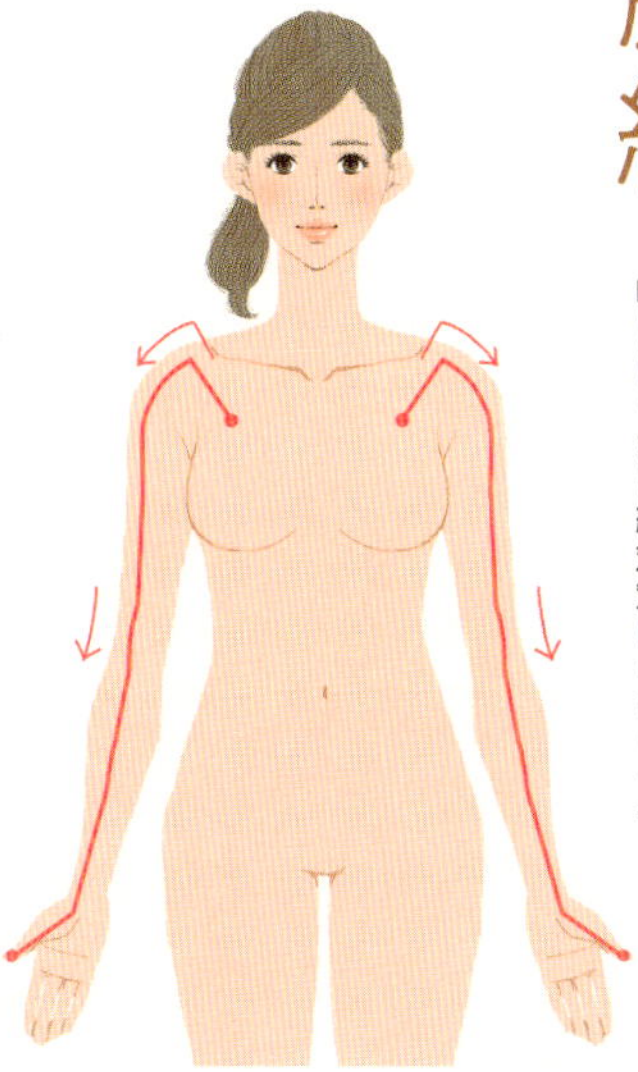

大《だい》腸《ちょう》経《けい》

腸の状態が肌の状態に関わり、肺経と合わせて肩こりやほうれい線の解消に効果的です。

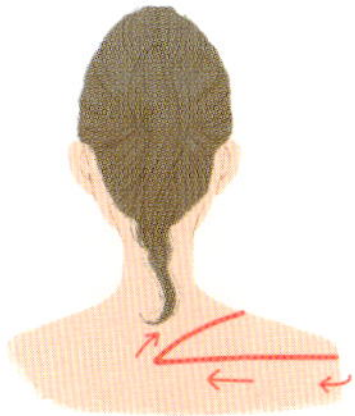

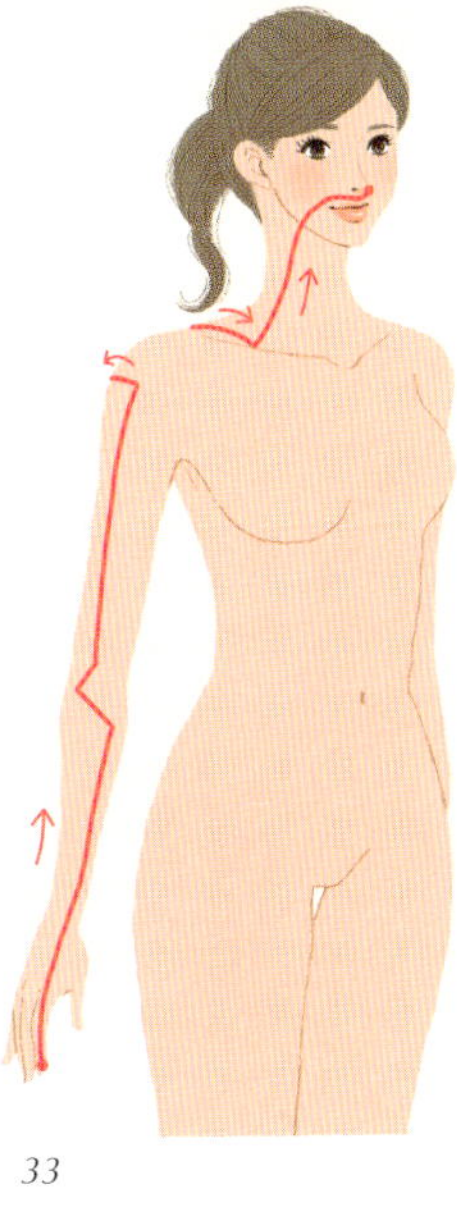

夜のワーク
むくみのない瑞々しい肌づくり

＊ワークの仕方…腎経

1 足の裏から脚の内ももを通って鎖骨まで腎経をなでる

2 胸を張って胸、お腹、内ももを伸ばして10秒キープ

3 左右の脚を変えて、同様に行う

＊ワークの仕方…膀胱経

1 頭から下向きに手の届く範囲で背中の膀胱経をなでる

2 背中を伸ばしてくの字のポーズ腰を落として10秒キープ

3 左右の脚を変えて、同様に行う

背中をまっすぐ伸ばす
膀胱経
足の小指を意識して足首を90度曲げる
伸ばした脚の裏側を刺激するイメージ

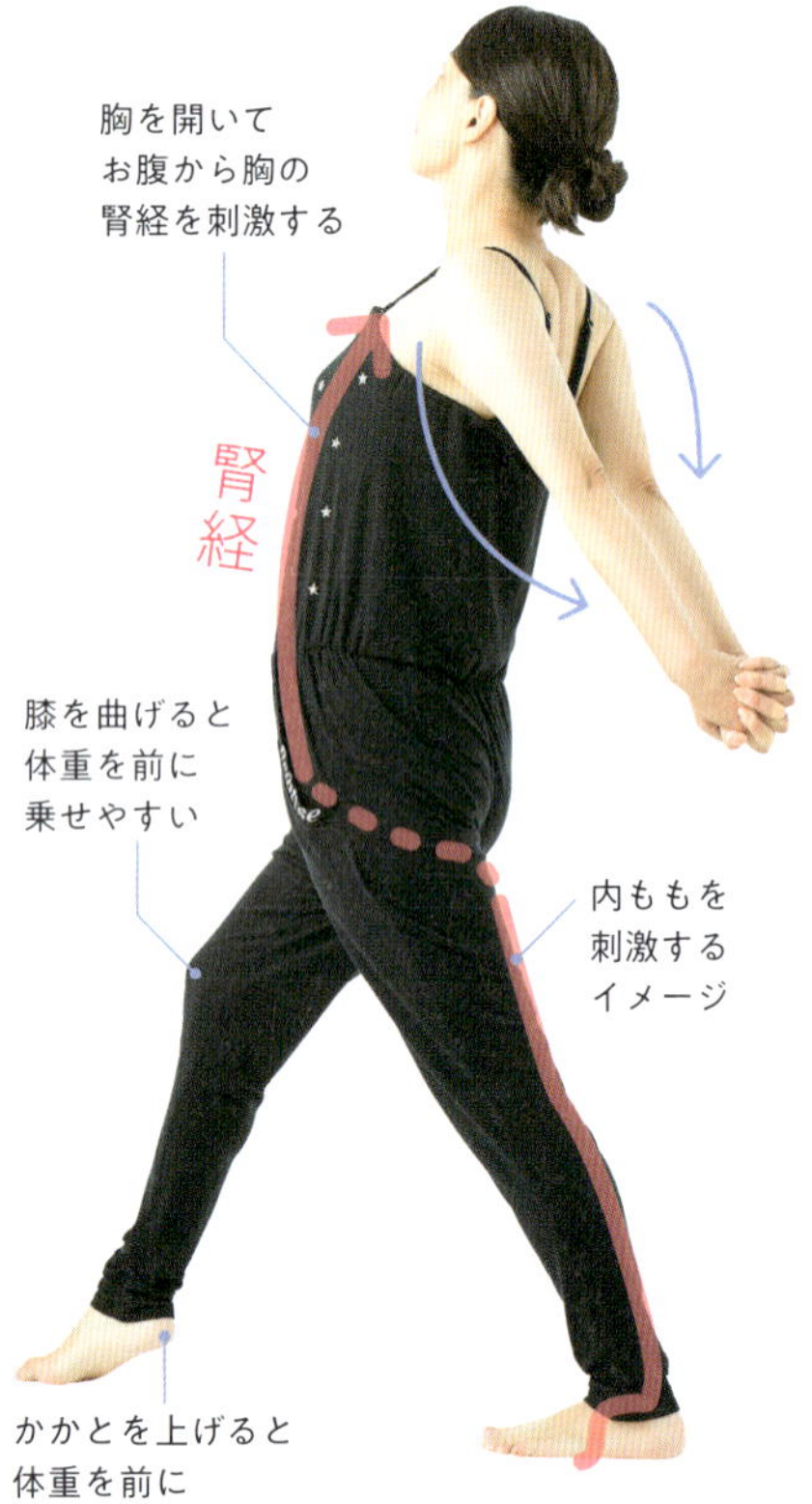

胸を開いてお腹から胸の腎経を刺激する
腎経
膝を曲げると体重を前に乗せやすい
内ももを刺激するイメージ
かかとを上げると体重を前に乗せやすい

1日の終わりに老廃物をからだから排泄させる

夜は1日の終わりに活動を穏やかにセーブしていくタイミングです。同時に1日の活動で溜まった老廃物や余分な水分を体外に排泄させるタイミングでもあります。老廃物や余分な水は、内分泌系と深く関わる腎《じん》の働きによって、体外に排泄されていきます。老廃物が体内に溜まったままだと吹き出物など肌トラブルの原因にもなるので就寝前の腎のケアは大切です。また成長などに必要な気（生命エネルギー）を生み出す腎をケアする事で、寝ている間のからだのメンテナンスにも繋がります。

経絡について

経絡には流れの向きがあります。経絡図を参考に手で経絡をなでて気の流れを促します。

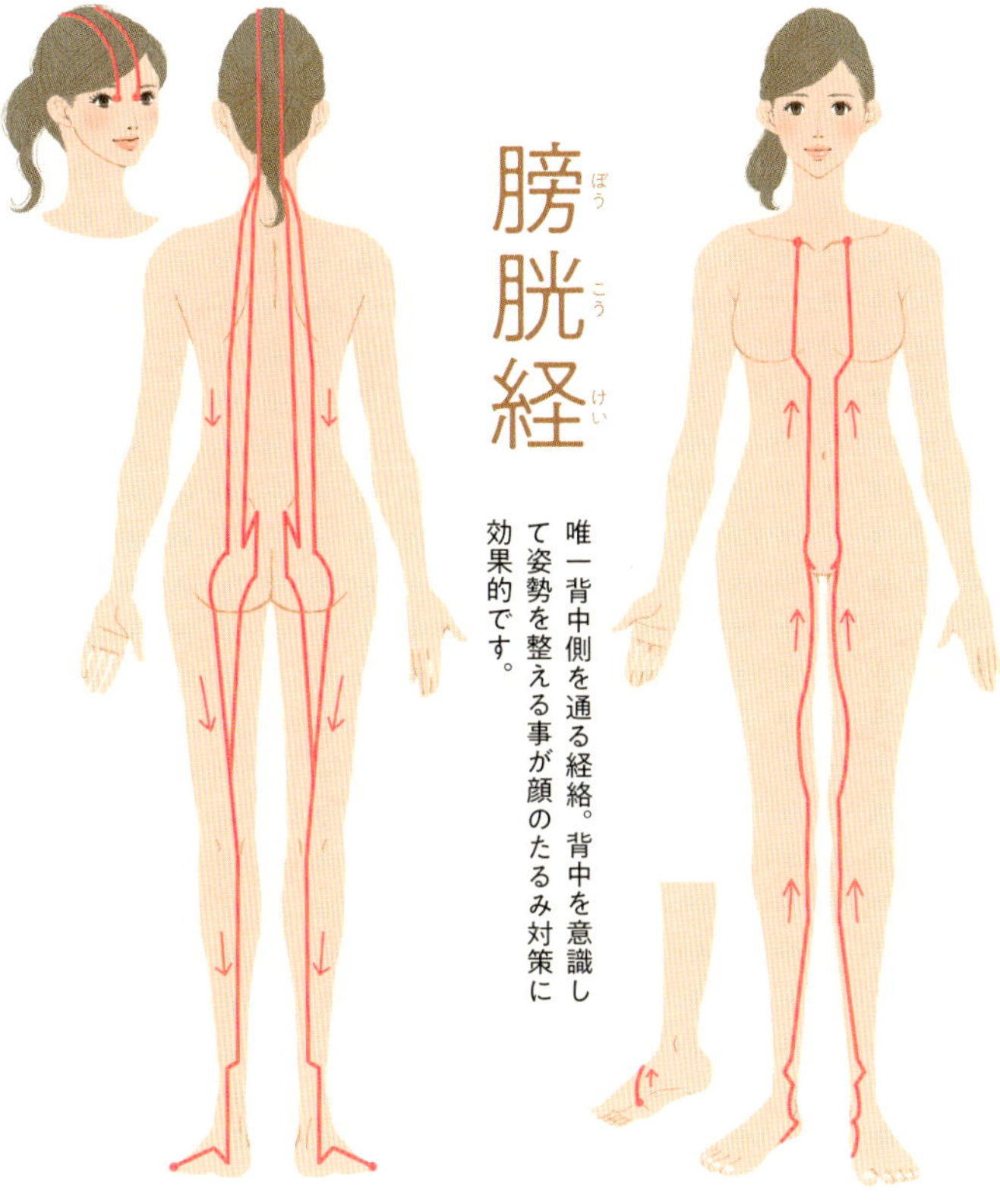

腎《じん》経《けい》

水分のコントロールの働きがあり、むくみ対策に。気を生み出す役割があるので、老化現象全般にも関わる。

膀《ぼう》胱《こう》経《けい》

唯一背中側を通る経絡。背中を意識して姿勢を整える事が顔のたるみ対策に効果的です。

毎日続けられる小さな積み重ねが美しさをつくる

何もしなくても私たちのからだは自然とベストコンディションを保とうと働いています。しかし、治癒力が十分に働かないと小さなゆがみが蓄積されて、からだに様々な影響があらわれてきます。

運動をしたらストレッチやマッサージを受けて筋肉をほぐしたり、疲れを感じた時にツボ押しや整体でからだの調子を整えたりした経験はありませんか？　経絡《けいらく》を流れている気《き》・血《けつ》・水《すい》も同じで、経絡のセルフケアをしてあげる事で、からだのコンディションがより整いやすくなるのです。

「肝《かん》・心《しん》・脾《ひ》・肺《はい》・腎《じん》」の5つはお互いに影響し合ってからだ全体を整えています。そのため5つの経絡ケアを毎日全て行うのが理想です。しかし、様々な理由で十分な時間をつくれない事もあると思います。

1日に5つ全てができなくても、できる範囲で経絡のケアを続けてみましょう。

スクールのレッスンの中でなかなか全てを続けられない生徒さんには、脾の経絡ケアだけでも習慣づける事をおすすめしています。脾は股下を通っていて、座りっぱなしで過ごす事が多い現代人は特に負担がかかっています。脾をケアする間のワーク（p.30）を1日の中で気づいた時に何度でも繰り返しケアするのがおすすめです。

顔トラブルの悩みがあるなら、反射区（p.15）と照らし合わせてその経絡だけでもケアしてみたり、おすすめの時間帯を守る事にこだわりすぎずに、1日の始まりや終わりにまとめてケアする時間をつくってみたり、自分なりの習慣を見つけてください。

小さな積み重ねに感じるかもしれませんが、簡単だからこそ毎日続けられます。そして、習慣として続けるからこそ「顔のたるみでもう悩まない美習慣」になるのです。

あなた自身の美習慣を見つける

毎日の積み重ねが
10年後のあなた自身をつくる
少しずつでも経絡ケアの美習慣をはじめる

ポイント
1
全身がお互いに
影響し合っているので
5つのワークを
毎日行うのが理想的

ポイント
2
座りっぱなしの現代人に
とって負担がかかりやすい
脾《ひ》の経絡は
特に積極的なケアが
おすすめ

ポイント
3
顔トラブルで
悩みがあるなら
反射区（p.15）をたよりに、
気になる経絡を
重点的にケア

お腹のケアが人生を豊かにするポイント

東洋医学の考えでは、「脾《ひ》」は思い悩む感情に関わりがあり、「肝《かん》」が弱ると怒りやストレスに影響するといわれています。このように内臓のケアはただ単にからだの健康や美容のためになるだけでなく、私たちのメンタルケアにも強く影響しているのです。

悩み事でストレスを感じるとお腹が痛くなるなど、内臓とメンタルの関係は普段の生活でも感じられると思います。

何か物事を決断する時に「腹を決める」というように、昔からお腹は感情とも関わってきた場所です。

メンタルと体調は深く関わり合っているので、からだにあらわれる反射区の変化だけでなく、心《こころ》の変化を感じ取って本書の経絡ケアをメンタルのケアに役立ててみるのもひとつの活用方法です。

脾の経絡は足指の親指と人差し指に繋がっています。脾経を整えて腹の力が強くなると、大地と繋がる力である着地（グランディング）力も強くなり、まさに立っているだけでオーラのある人になります。

更に、肝が弱くなると、決断力も弱まり、ここぞという時に力が出せなくなるともいわれています。お腹の内側をケアする事が健康な心やからだを育み、行動を決めるお腹の力を生み出します。

人生とは決断と行動の積み重ねですから、いかによいお腹でいるかが人生を豊かにするポイントになります。

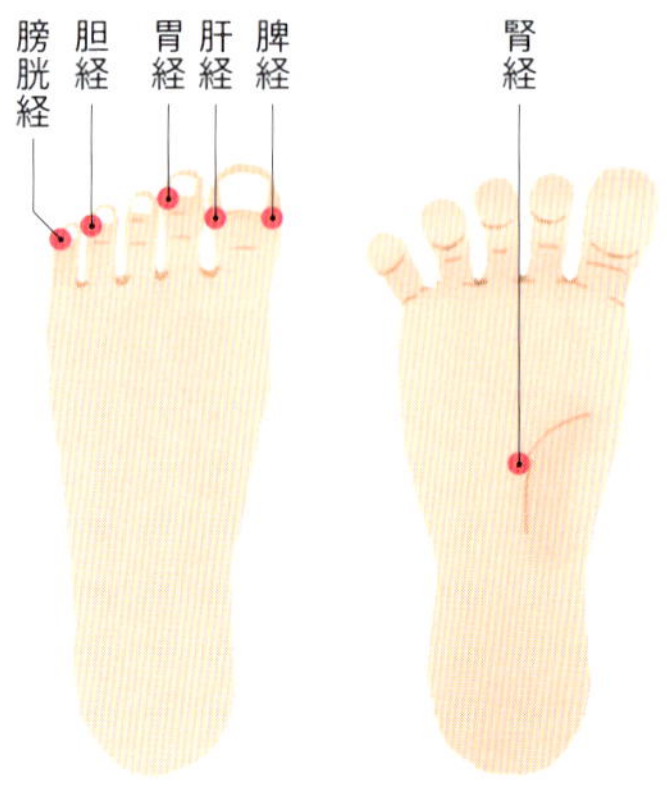
膀胱経
胆経
胃経
肝経
脾経
腎経

Chapter
3

季節ごとのケアと
からだからの様々なサイン

5つの季節に対応するからだの変化

1日の中で気の流れに変化があるように、季節の移り変わりに合わせて私たちのからだも変化します。東洋医学では私たち自身も自然の一部であるという考えから、1年の中で体内でも季節が巡っているのです。季節ごとに疲れが出やすい内臓を意識的にケアしてあげましょう。

東洋医学では季節を「春・夏・晩夏・秋・冬」の5つに分けて考えます。晩夏というのは季節の変わり目の時期だと思ってください。この季節は梅雨などと表現される事もあります。

夏には熱が溜まってのぼせたり、秋冬になると乾燥やむくみが気になったり、あなたにもこんな経験はありませんか。これらは外的な要因だけではなく、からだが内側から季節に合わせて変化しているあらわれでもあります。

例えば腎は寒さに弱い内臓なので、冬は腎の役割である水分コントロールが乱れがちです。からだの水分コントロールが乱れると、十分な水分が得られずにからだの内側からも乾燥します。このように冬に肌の乾燥やむくみが気になるのは、単純に外気が乾燥しているだけではなく、体内が変化した影響もあるのです。季節ごとに変化するからだの事を知れば、目に見えるサインがあらわれるより先に対策のケアもできます。

季節ごとに負担がかかる部位と、それに合わせたおすすめのケア方法を紹介します。

5つの季節とからだの関係

対応するそれぞれの季節に、内臓が普段よりも活発に働く
働きが増して疲れた内臓を、普段よりも積極的にケアする

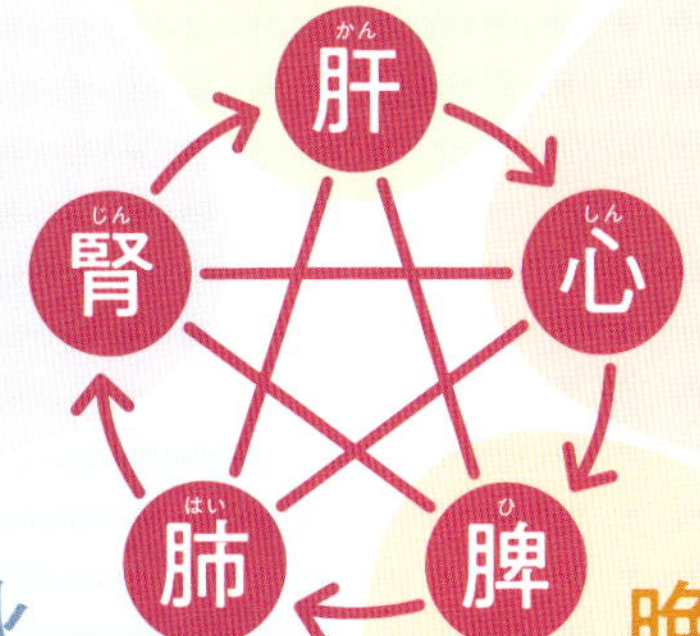

春

冬の間に蓄えた脂肪や老廃物のデトックスの働きが増す

くすみのない透明感ある肌づくり

肝は糖や脂肪の代謝、血液の貯蔵、また分解や排泄の役割がある。新陳代謝やデトックスがテーマ。

ケアする経絡　肝経と胆経

夏

暑さの分散や栄養の供給のために血液循環の働きが増す

血色のいいツヤ肌づくり

心は全身にエネルギーを配り、体温を維持する役割がある。血流循環がテーマ。

ケアする経絡　心経と小腸経

晩夏

体内季節の変化のために必要な栄養の消化吸収の働きが増す

ハリのある若々しい肌づくり

脾は消化を担当し、その栄養を全身に配る役割がある。消化吸収がテーマ。

ケアする経絡　脾経と胃経

秋

乾燥を防ぐために水分代謝の働きが増す

潤いのあるしっとりとした肌づくり

肺は空気の出入りを担当し、呼吸を通して不要なものを外へ排出する役割がある。皮膚のターンオーバーがテーマ。

ケアする経絡　肺経と大腸経

冬

余分な水分の排泄や気を生む働きが増す

むくみのない瑞々しい肌づくり

腎は生きるエネルギーを蓄えるところで、発育や生殖にも大きな役割がある。水分コントロールがテーマ。

ケアする経絡　腎経と膀胱経

からだのサインからお疲れパーツを知る

東洋医学ではからだ全体の気を整えて健康を保ちます。なので全身を満遍《まんべん》なくケアする事が大切です。しかし、人によって生活スタイルは違うので疲れが溜まっている部位も人それぞれ。誰もが同じケアをするのではなく、からだのサインに気づいていまのあなた自身に合ったケアをする事が大切です。私たちのからだは顔や足裏の反射区以外にも、様々なパーツからからだの内側を知る事ができます。からだのちょっとした変化も見逃さないように、日頃からよく全身を観察する習慣をつけましょう。

例えば肝《かん》が弱っていると顔の反射区にシミや青筋ができるなどのサインがあらわれますが、肝の状態を知る手がかりは顔の反射区だけではありません。顔以外にも爪の様子や目などに肝のサインがあらわれます。そうしたいくつかの部位を合わせて観察する事で、よりあなた自身のからだとの対話が深まります。

ほかにも舌は多くの血管が集まる場所なので、全身の状態を知る大きな手がかりになりますし、体毛ひとつとっても何らかのサインがあらわれます。日頃からサインがあらわれるチェックポイントを観察して何か違和感を覚えたらその経絡を普段より意識的にケアしてみましょう。また、五臓にはそれぞれ弱りやすい季節があります。その傾向がわかっていれば、あらかじめ季節に合わせたケアを行い、サインがはっきりとあらわれてしまう前にからだの疲れを癒す事ができます。普段の経絡ケアに加えて、季節ごとの美習慣も意識して取り入れてみましょう。日々の習慣が1年中たるみのない若々しさに繋がります。

東洋医学で見るからだの関係性

様々な部位が影響し合ってバランスを保っている
サインがあらわれやすい部位を観察して、
五臓を癒す美習慣を心がける事でからだのコンディションを高める

五臓	肝	心	脾	肺	腎	
弱りやすい季節	春	夏	晩夏	秋	冬	五臓は対応する季節に弱りやすい
五臓を癒す経絡	肝経	心経	脾経	肺経	腎経	対応する経絡をケアして五臓を癒す
	胆経	小腸経	胃経	大腸経	膀胱経	
サインがあらわれやすい顔の部位	目	舌	口	鼻	耳	五臓が弱るとこれらの部位に体内からのサインがあらわれる事がある
サインがあらわれやすいからだの部位	爪	顔色	唇	体毛	髪	
	筋（筋肉）	血脈	肌肉※	皮膚	骨	
五臓を癒す食事	緑色の野菜	赤色の食べ物	黄色の食べ物	白色の食べ物	黒色の食べ物	五臓が弱っている時や、対応する季節の間に食べるとよいとされる食べ物
	酸味	苦味	甘味	辛味	鹹味《かんみ》（しおからい）	

※皮膚の下にある肉全体の事

季節ごとの美習慣

春

くすみのない透明感のある肌づくりの基本

肝を癒して体内のデトックスと、十分な気と血を巡らす事が春のたるみ対策に大切です。

春と肝について

東洋医学の考えでは、肝《かん》は春の季節に分類され、体内のすみずみに気《き》（エネルギー）を送り届ける役割と、必要な血《けつ》を貯蔵する役割があります。私たちのからだは春になると、冬の間に溜まった脂肪や老廃物を盛んに排出します。春のテーマはデトックスで、からだの中の大掃除をする季節です。そのため肝臓や胆のうが普段よりも働くので疲れやすくなります。そこで、肝の働きを助けて全身に十分な気と血を巡らせる事が、くすみのない透明感のある肌づくりの基本となります。

肝の疲れは「目がかすむ」・「充血しやすい」・「眉間に縦ジワが目立

春にあらわれやすい肝のサイン

サインに心当たりがある場合、
肝の経絡ケアを普段より
意識的に行いましょう。

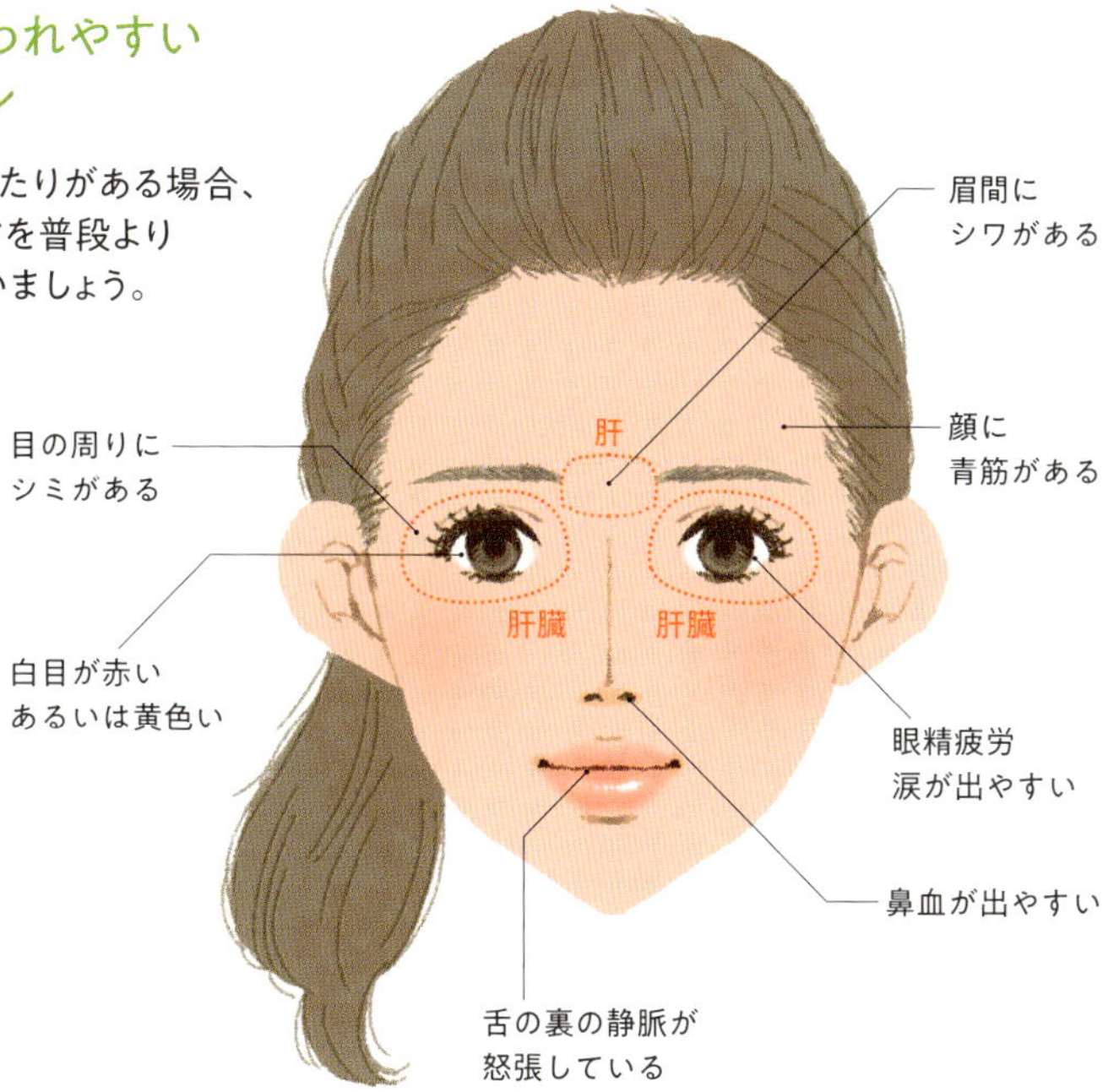
眉間に
シワがある
顔に
青筋がある
目の周りに
シミがある
肝
肝臓
肝臓
白目が赤い
あるいは黄色い
眼精疲労
涙が出やすい
鼻血が出やすい
舌の裏の静脈が
怒張している

つ」・「顔にシミができる」・「肌ツヤが失われる」などといった顔のトラブルに繋がります。

　更に、肝は自律神経とも深く関わっているので「イライラしやすくなる」・「朝起きられない」など睡眠トラブルにも繋がります。肌は寝ている間につくられるので、肝を癒して睡眠トラブルをなくす事もたるみ対策には大切です。

＊肝のサインがあらわれる場所
目・眉間・爪・額の青筋・筋肉
＊肝を癒す経絡
肝経・胆経
＊肝を癒すビューティフード
緑色の野菜・酸味

春のワーク 1

肝を癒す経絡 肝経

内ももとお腹を意識するのがポイント

ワークの仕方…肝経

1 足の親指から上に向かって肝経をなでる

2 かかとをつけたまま爪先立ちをして10秒キープ
（10秒が難しい時は無理をしない範囲でキープ）
※かかとの高さより、かかとがくっついたままな事が重要です

※p.73足親指に輪ゴムをつけて行うと効果アップ
（輪ゴムをつけるのは1分以内で、時間内でも痛みが出た時はやめる）

つま先を
握りこぶし分広げて、
かかとをつけて立つ
肝経
お腹を
引き上げる
かかとをつけたまま
持ち上げて、
内ももを刺激

肝経

春は肝《かん》との関わりが深い季節。春は植物が勢いよく芽吹き、動物たちは冬眠から覚める季節です。私たちのからだも、春は気を発散させて活動が活発になるタイミングです。体内のデトックスをして、蓄えたエネルギーを発散させます。そのためにしっかりと肝経をケアします。

ワークのコツ

肝経は足の親指から内股を通ってお腹まで続いています。立つ時に親指を意識して立ち、内股とお腹に引き上げるように力を入れて経絡を刺激します。

経絡について

経絡には流れの向きがあります。
経絡図を参考に手で経絡をなでて気の流れを促します。

肝《かん》経《けい》

肝の調子を整えて、体内の血と気の巡りを促す。
ストレス緩和にも効果的。

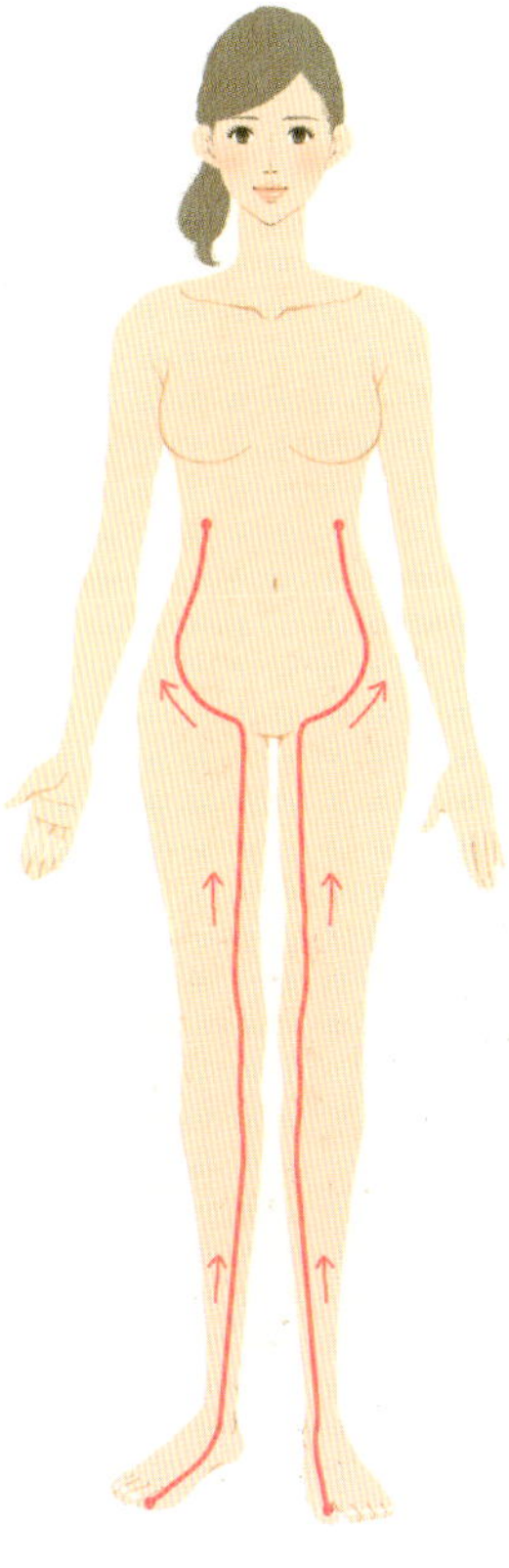

春のワーク 2

肝を癒す経絡 胆経

からだの側面を
刺激するのがポイント

＊ワークの仕方…胆経

1 顔からからだの脇に沿って
足の小指まで胆経をなでる

2 足のつま先を遠くに伸ばすように
からだの横に足を伸ばす

3 腕を大きく動かして
頭から足先まで伸ばした
ポーズで10秒キープ

4 1～3を反対側も同様に行う

頭・首を伸ばすように
腕も使って
大きくからだを動かす
胆経
胆経の繋がる
薬指を意識して、
つま先を外に伸ばす

胆経

肝臓と胆のうは対となるほど関係の深い部位同士です。どちらかが不調になればお互いに影響し合い不調は伝染します。肝《かん》グループに含まれる重要な部位なので、肝経と胆経をセットでケアします。このようにほかの季節でも対になるふたつの経絡をセットでケアしていきましょう。

ワークのコツ

胆経はからだの両脇を通っています。体側を足先から頭の先まで意識して刺激します。腕を大きく動かし体側を伸ばすイメージで行いましょう。

経絡について

経絡には流れの向きがあります。経絡図を参考に手で経絡をなでて気の流れを促します。

胆《たん》経《けい》

肝経と関わりの深い経絡。頭の横を通っていて、アゴの咀嚼《そしゃく》筋などフェイスラインのケアに効果的。

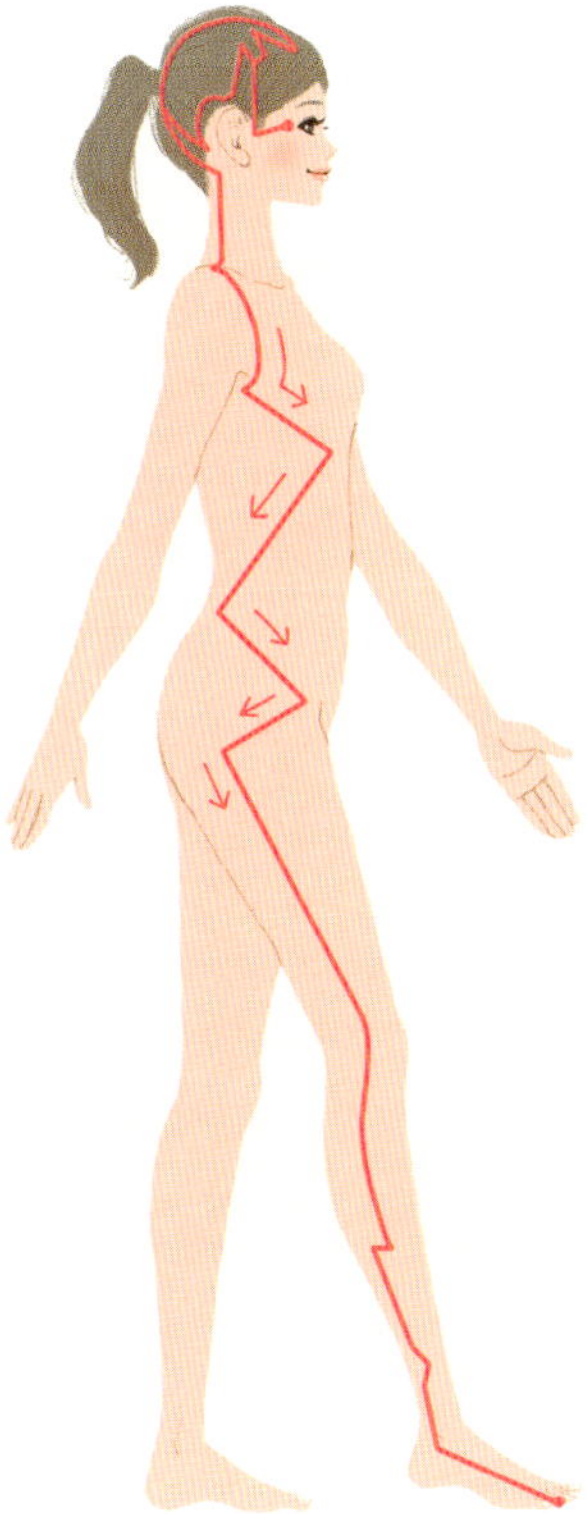

旬の春野菜でからだを内側から活性化

緑色の野菜

ほうれん草、小松菜、水菜、春菊、春キャベツ、アスパラガス、いんげん、ブロッコリー、オクラ、菜の花、芽キャベツなど

酸味のある食べ物

レモン、ゆず、伊予柑、デコポン、オレンジ、キウイ、いちご、ローズヒップ、米酢、梅酢、ピクルスなど

春のビューティフードは緑色

春はデトックスが大切な季節です。肝《かん》の働きを助けてくれる旬の鮮やかな「緑色の野菜」と「酸味のある食べ物」を食事に取り入れましょう。

青々とした旬の春野菜は肝の働きを高めて気を送り出す働きを助けたり、からだの中の大掃除をしてくれたりします。旬の食べ物はからだの中の季節とも調和して内臓を癒してくれます。加えて酸味のある食べ物は、内臓や筋肉を引き締める働きがありからだの水分調整や春のイライラを抑えます。酸味のある柑橘類を普段の食事に加えるのも手軽にはじめられておすすめです。

目を動かす習慣をつくる

目を酷使しすぎると眉間にシワが寄る

澄んだ瞳でいるために肝をいたわり
目を適度に動かす

1 目線を動かして目をぐるっと一周

しっかりと目の周りの筋肉を動かす。右、上、左、下と目線が動いているのを感じながら大きく目を動かします。

目元にたるみのない澄んだ瞳を手に入れる

東洋医学の考えでは視力の問題や目の乾燥、めまいなどの症状は肝に関係があり、目がぼんやりとかすむ、目の周りがピクピクとひきつるなども肝がお疲れ。パソコンやスマホなどで目を固定し続けるのは肝臓の負担です。画面を見続ける合間に目を動かす習慣をつくりましょう。

＊白目でわかる肝の状態

目が赤い……毛細血管が拡張。甘いものやお酒が多い。

目が黄色い……動物性脂肪過多。内臓脂肪がつきやすい状態。

目が乾く……血液不足。（まばたきが多いのも血液不足）

目がどんより…脂肪や砂糖が多い。体液もどんより重い状態。

爪にあらわれる様々なサイン

爪の状態をセルフチェック
爪にトラブルが見られたら肝がお疲れモード
肝のケアを心がけて

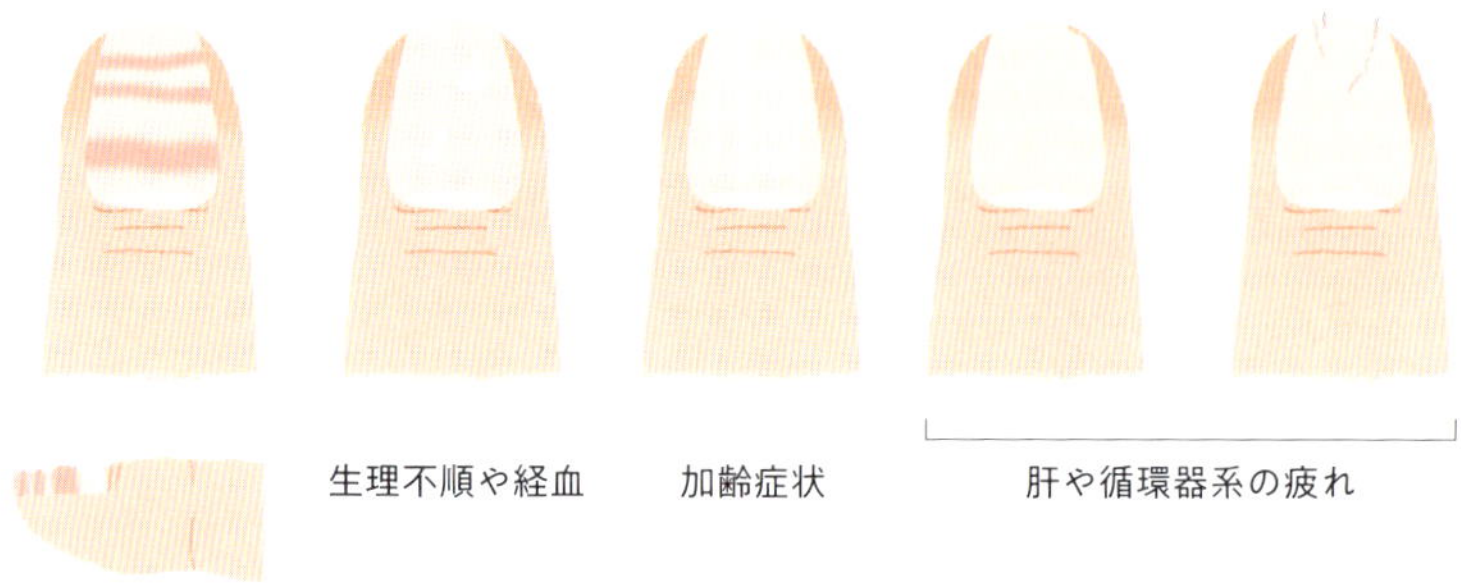

横に凸凹のシワ
白い点々
縦シワ
剥がれた爪
割れた爪
生理不順や経血
加齢症状
肝や循環器系の疲れ
不眠や便秘

爪のセルフチェック

肝《かん》が弱って貯蔵される血が不足すると、爪にサインがあらわれます。例えば爪が欠けるのは肝や循環器が疲れていて、血をつくる力が弱まっている証拠。生理不順や経血が多い時には、爪に白い点々があらわれます。縦シワは加齢症状で肝に加えて腎《じん》も弱まっています。味の濃い食べ物を控えましょう。一方、横に筋が入るのは不眠や便秘などが考えられます。また、食事の変化や急な生活環境の変化でサインがあらわれる場合もあります。爪は観察しやすい場所なので日頃から気をつけてチェックしましょう。

足指グーパー体操

足指を動かす事が、
東洋医学の考えでは内臓ケアになる
日頃から足指を開いてリラックスさせる

1 足指を
大きく動かして
力強くグーパー

2 足指と
足裏全体に
意識を向けて
繰り返す

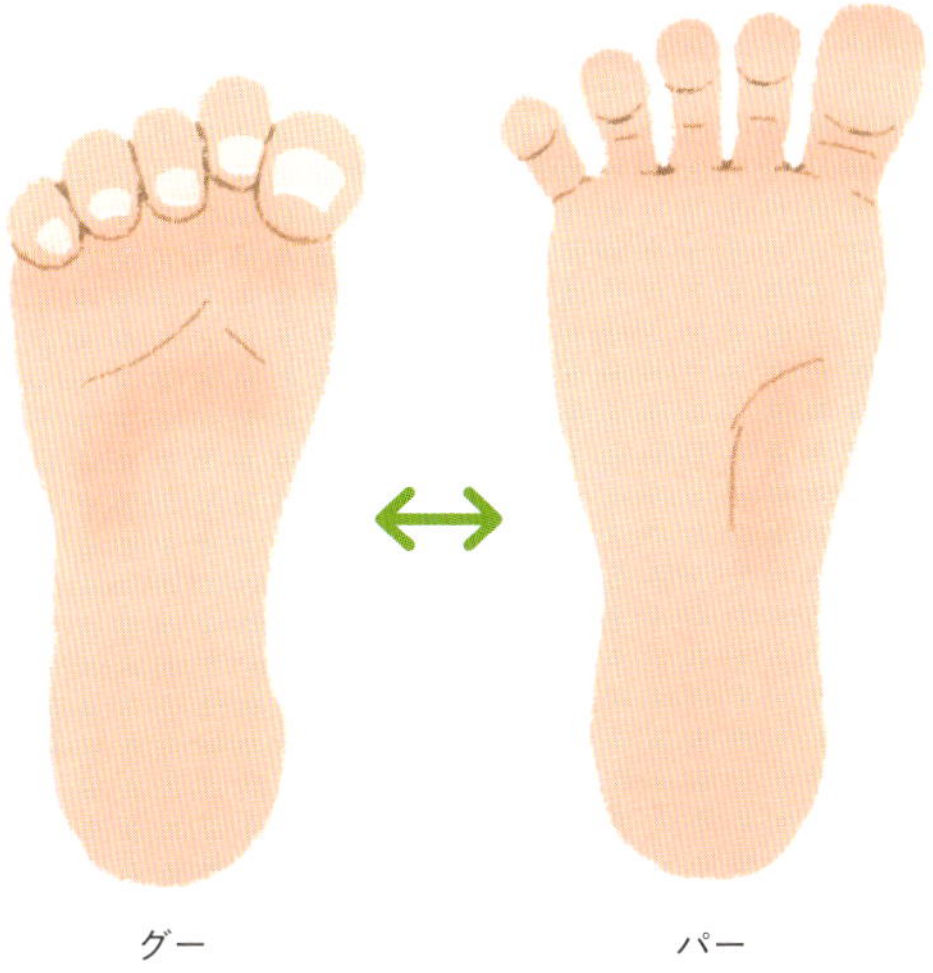

足の指から全身のケア

血やリンパが流れやすい柔らかい筋肉をつくる事が、たるみ対策には欠かせないポイント。肝は筋肉にも関連していて、足の状態からいまの肝の様子がわかります。肝が弱っていると足指にサインがあらわれます。例えば足がつりやすいのは肝が硬くなっているサインで、足の巻き爪は外的な要因もありえますが、東洋医学の考えでは肝臓が弱った事によって引き起こされるといわれています。足指を動かす事は、内臓全体のケアにもなります。この時、足指にはいくつもの経絡が繋がっているので足指を大きく動かして刺激するように意識します。

季節ごとの美習慣

夏

血色のいいツヤ肌づくりの基本

心を癒して十分な血を巡らせる。
気をからだのすみずみまで
送り届ける事が
夏のたるみ対策に大切です。

夏と心について

心《しん》は全身に血《けつ》を送り体温を維持する役割があります。心臓と小腸はからだの中でも熱がこもりやすい場所なので、夏の暑さでオーバーヒートしないように十分なケアを心がけましょう。小腸が疲れて栄養吸収の働きが弱ると、食べたものから栄養が吸収されず血液を十分につくれません。心臓が元気でも十分な血がなければ血液を循環できないので、からだに熱がこもり負担が増します。心をケアして血の循環力をアップさせる事が、血色のいいツヤ肌づくりの基本です。

心の疲れは舌や顔全体にサインがあらわれます。顔が赤く火照ってい

夏にあらわれやすい 心のサイン

サインに心当たりがある場合、
心の経絡ケアを普段より
意識的に行いましょう。

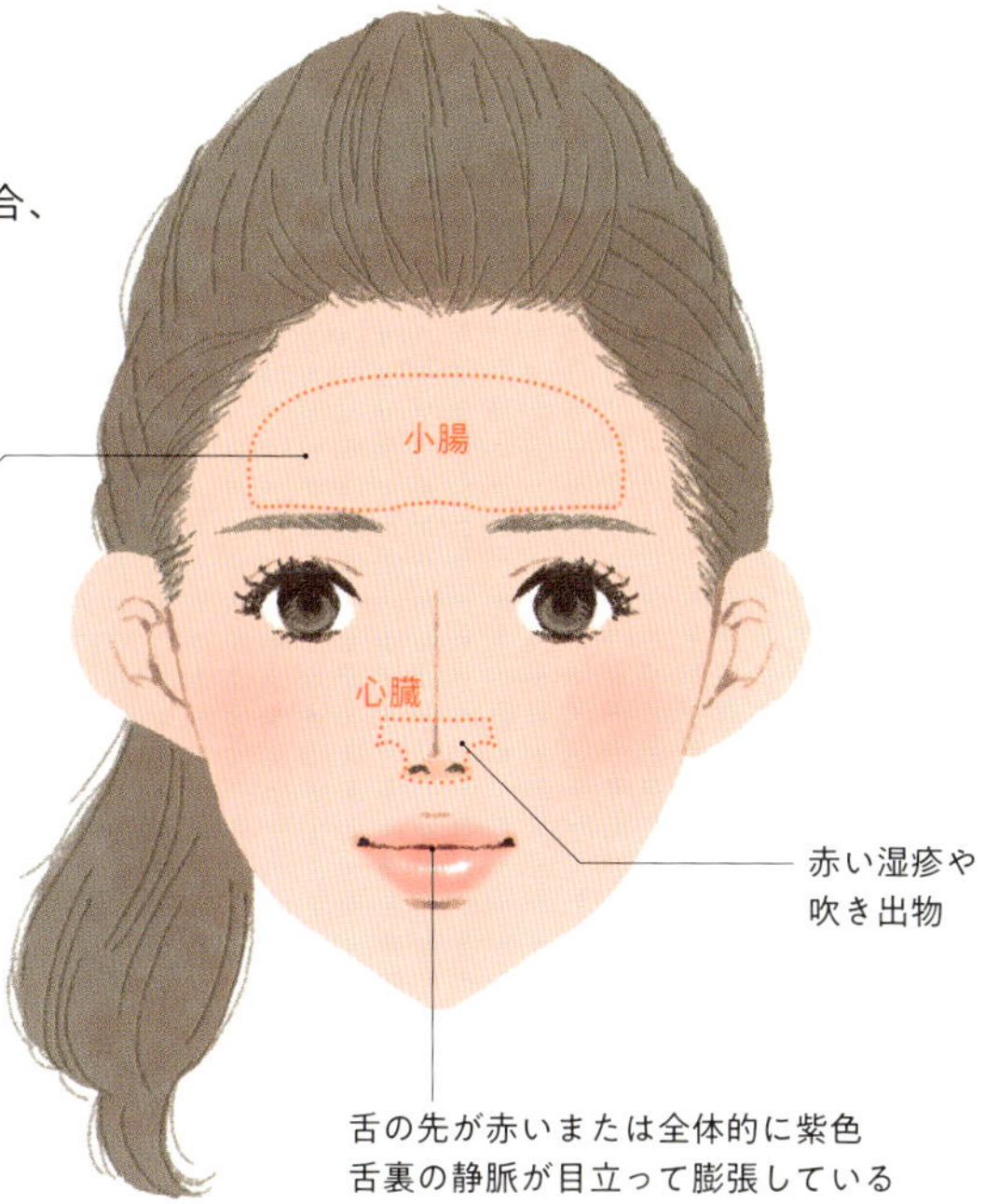
小腸
赤い湿疹や
吹き出物
心臓
赤い湿疹や
吹き出物
※顔が全体的に赤い
※顔がむくむ
舌の先が赤いまたは全体的に紫色
舌裏の静脈が目立って膨張している

る様子は体内に熱が溜まってオーバーヒート気味のサインです。逆に血の循環が不十分だと顔色が青白くなります。加えて、舌はたくさんの血管が集まるところです。心はもちろん、他の臓腑の状態を知る手がかりにもなる重要な反射区です。

更に、血の巡りが不安定になると脳のストレスに繋がります。「不安を感じやすい」・「眠りが浅い」などメンタルにも関わりがあります。

＊心のサインがあらわれる場所
舌・鼻先・おでこ・顔のむくみ

＊心を癒す経絡
心経・小腸経

＊心を癒すビューティフード
赤色の食べ物・苦味

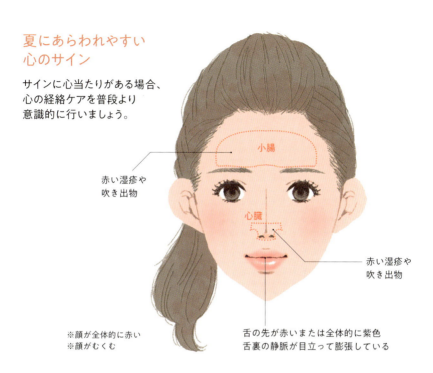

夏のワーク 1

心を癒す経絡 心経

小指を意識して腕の内側を刺激するのがポイント

＊ワークの仕方…心経

1 胸から手の小指まで腕の内側を通る心経をなでる

2 指を刺激するように手のひらを返してポーズをとる

3 お尻を後ろに引いて胸から腕全体を刺激するポーズで10秒キープ

※手首や腕に痛みが出ない範囲で行う

お尻を引いて
腕を伸ばして
心経を刺激
肘・腕を
伸ばすように
意識
心経
心経の繋がる
小指を意識して、
手首を反らす

心経

夏は心《しん》との関わりが深い季節。夏の暑さをからだに溜め込まないように、しっかりと循環機能を働かせましょう。心経は血の巡りに深く関わります。顔は血管が多く集まり、血の巡りがよくわかる場所なので健康的な若々しい顔色を保つには十分な肺のケアは欠かせません。

ワークのコツ

心経は手の小指に繋がっています。胸から小指の先まで気を流すように手のひらで経絡をなでましょう。手首を反らした時に痛みが出ない範囲で行います。

経絡について

経絡には流れの向きがあります。経絡図を参考に手で経絡をなでて気の流れを促します。

心《しん》経《けい》

気血を全身に届け、体内のエネルギーを司る。ストレスを受けた心を落ち着かせる働きもある。

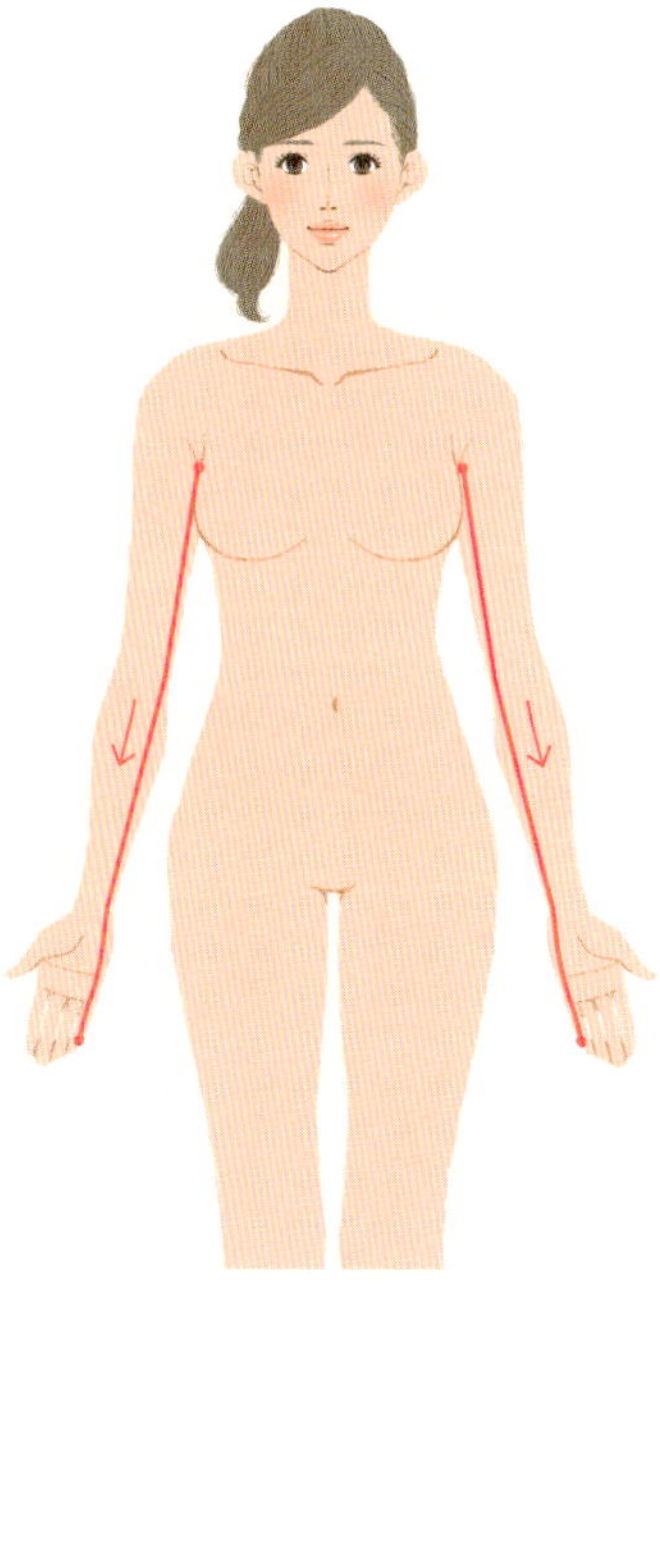

夏のワーク 2

心を癒す経絡 小腸経

肩の後ろまで意識して
大きく動かすのがポイント

＊ワークの仕方…小腸経

1 小指から背中、肩、顔へ流れる小腸経をなでる

2 腕を正面に伸ばして片方の手で小指をつかむ

3 肩の後ろまで伸ばすように刺激するポーズで10秒キープ

4 1〜3を反対側も同様に行う

※p.63 たるみに関わる咀嚼《そしゃく》筋をゆるめるようにアゴを脱力させながら行うと効果アップ

小腸経に繋がる
小指を持って
引っ張りながら
伸ばす
小腸経
背中から
ぐいっと大きく
腕をまわす

小腸経

暑さからたくさんの水分を取ったり、逆にたくさんの汗をかいたりと水《すい》のバランスが乱れがちな季節です。汗などで水分が大量にからだから出ていくように、気《き》もからだから外に出ていきやすい季節。しっかり栄養を吸収できるように小腸経をケアして体内の気が不足しないようにしましょう。

ワークのコツ

小腸経は背中側を通っています。肩の後ろまで大きく動かして手の届きにくい背中側も刺激します。この時にアゴの力を抜いて口元をリラックスさせます。

経絡について

経絡には流れの向きがあります。経絡図を参考に手で経絡をなでて気の流れを促します。

小《しょう》腸《ちょう》経《けい》

たるみに影響する咀嚼《そしゃく》筋がゆるむので、フェイスラインのたるみ防止に関わる。小腸経は肩こりのケアにも効果的。

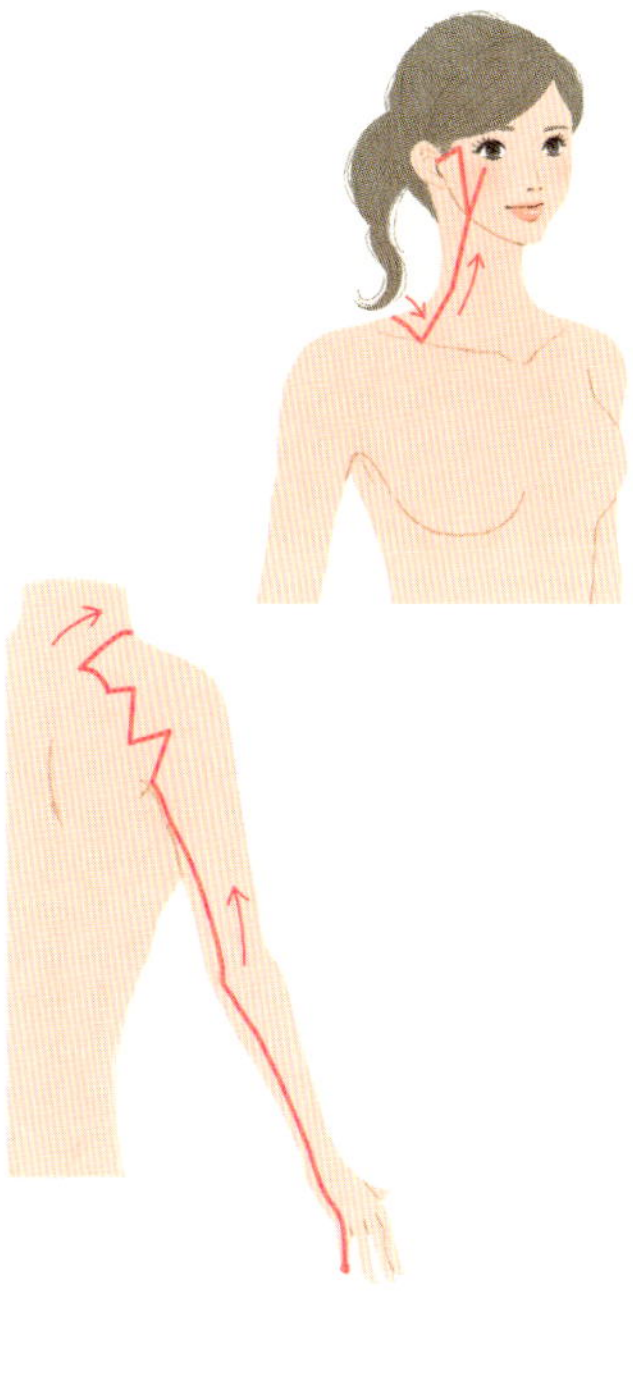

舌にあらわれる様々なサイン

からだに不調があると
舌の表面が変化したり
歯の跡が残るほど舌が膨張したり
舌に様々なサインがあらわれる

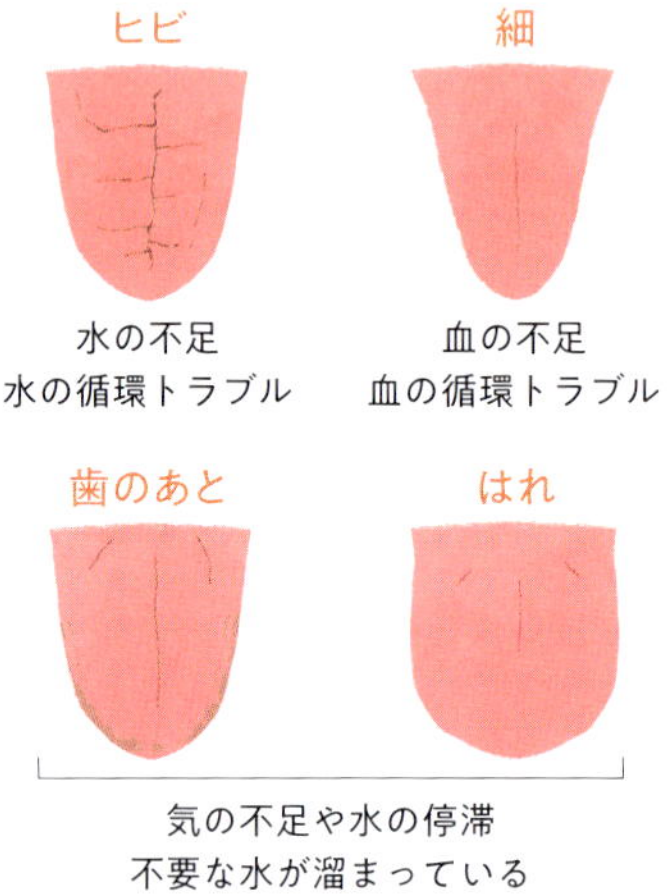
ヒビ
水の不足
水の循環トラブル
細
血の不足
血の循環トラブル
歯のあと
はれ
気の不足や水の停滞
不要な水が溜まっている

舌にある全身の反射区

舌には五臓の反射区があり
舌の色や舌苔《ぜったい》の様子から
どの部位が弱っているかを知る
手がかりになる

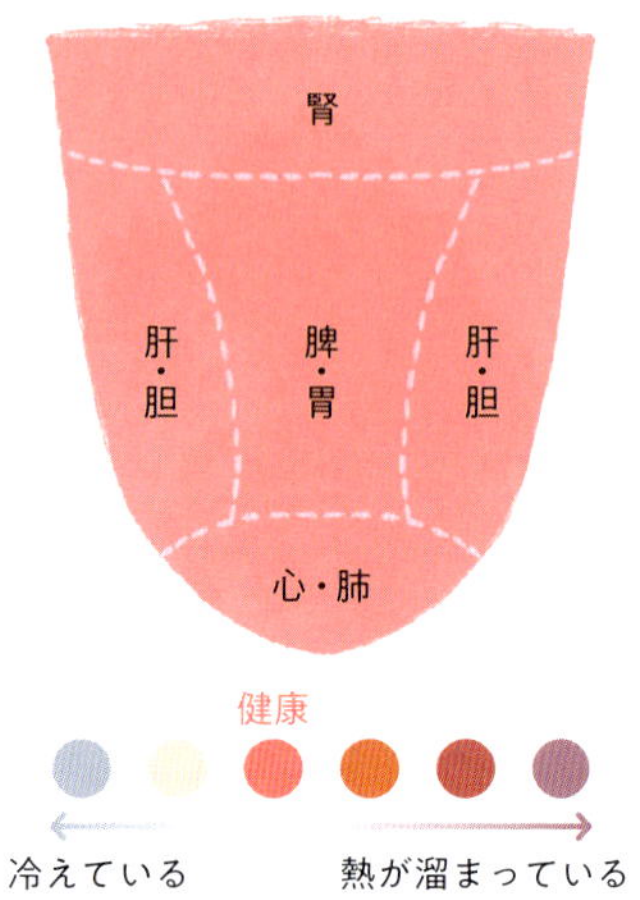
腎
肝・胆
脾・胃
肝・胆
心・肺
健康
冷えている
熱が溜まっている

舌は全身のサインがあらわれる重要なチェックポイント

舌は全身の様子を読み解くための重要なチェックポイントです。特にチェックするのは「舌の色」・「形」・「舌苔《ぜったい》の量」の3ヶ所。正常な舌の状態は艶があるピンク色で、大きさは歯の間に収まり、うっすらと白い舌苔があるのが理想的です。舌はとても変化しやすいので、日頃から観察して変化に気づけるようにしましょう。例えば、舌の先端だけ赤くなるのは心や肺がオーバーヒート気味のサインです。このように舌はどの内臓にケアが必要なのかを知る重要な手がかりになっています。

舌力をアップして フェイスラインをつくる運動

舌は顔のたるみに関わる筋肉とも繋がっているので、舌を動かす事が美しいフェイスラインづくりなどたるみ対策になる

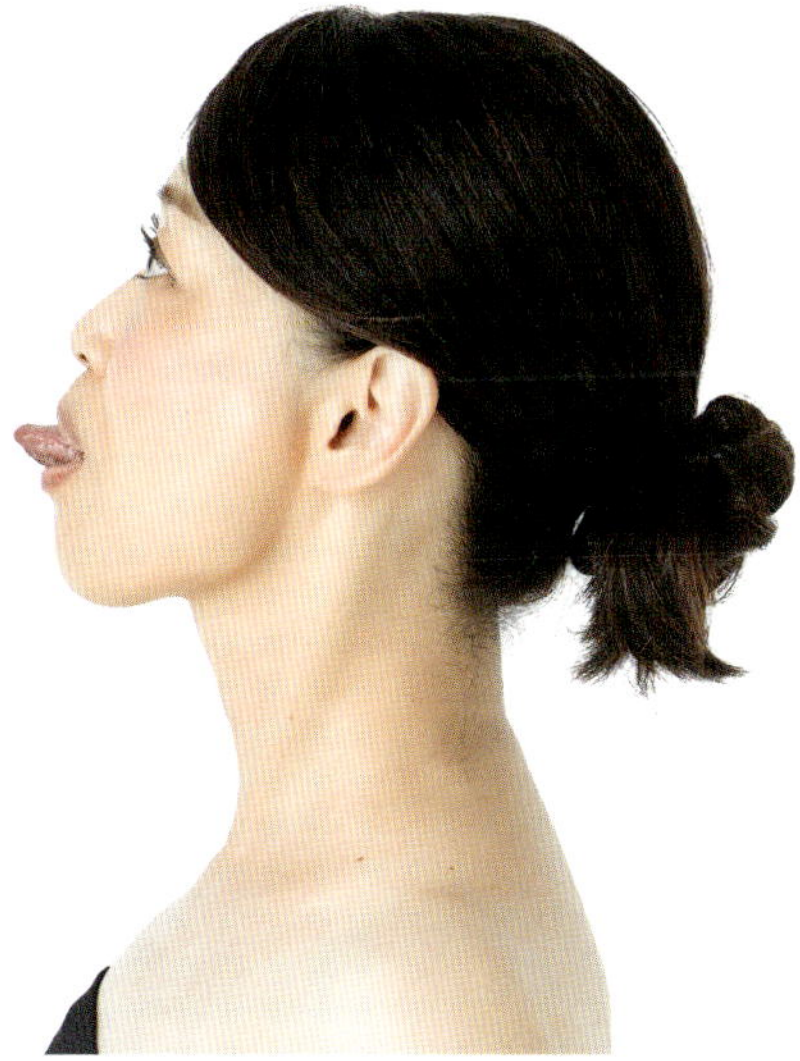

1. 舌の先端を伸ばしきる
2. 舌先を尖らせ10秒キープする
3. 1~2を3回繰り返す

舌力アップで顔の輪郭アップ

舌には内臓の反射区があり、舌を動かす事が内臓の活性化に繋がります。特に舌は心《しん》と関わりが深いので舌を鍛える事が、心臓と小腸の機能を上げる事になります。加えて、舌は顔の輪郭とも関わりがあります。舌を動かす事は二重アゴの防止や、美しいフェイスラインづくりなど、たるみ対策として重要です。更に、舌を動かすと唾液がたくさん出ます。唾液には若返りホルモンのバロチンがたくさん含まれているので、舌を動かす事が大きなビューティエイジングになります。歯磨きの間の隙間時間など、日頃から舌を動かす事を習慣にしてみましょう。

赤い食べ物でからだの熱を排泄させる

赤色の食べ物

トマト、パプリカ、ニンジン、スイカ、クコの実、クランベリー、梅干し、ラディッシュ、さくらんぼ、ビーツ、赤玉ねぎ、赤キャベツ、いちご、ざくろ、ラズベリー、鮭、エビなど

苦味のある食べ物

セロリ、キュウリ、ゴーヤ、緑茶、ミョウガ、おろし生姜、銀杏、ピーマン、蓮の実など

夏のビューティフードは赤色

夏はからだに熱が溜まりがち。体内の熱がうまく循環できないと頭がのぼせたり顔が赤くなります。オーバーヒートしないように循環機能を高めて余分な熱を排出させます。夏には心《しん》の熱を冷ます「赤色の食べ物」と「苦味のある食べ物」を選びましょう。トマトのように心臓のハート型の野菜も心を助けてくれます。夏の苦味は循環機能を高め、心の負担を減らします。体内にこもりがちな熱や湿気を排出してくれるので、夏バテ対策にもなります。苦味のある緑茶を飲むなど手軽な習慣からはじめるのがおすすめです。

咀嚼《そしゃく》筋をゆるめるマッサージ

顔のたるみの原因ともいわれている咀嚼筋をゆるめるマッサージ
咀嚼筋の中の側頭筋と咬筋をほぐす

1 頭の横にあって
噛み締めた時に動く側頭筋を
優しくマッサージしてゆるめる

2 顎にある咬筋を
優しくマッサージしてゆるめる

マッサージする咀嚼筋たち

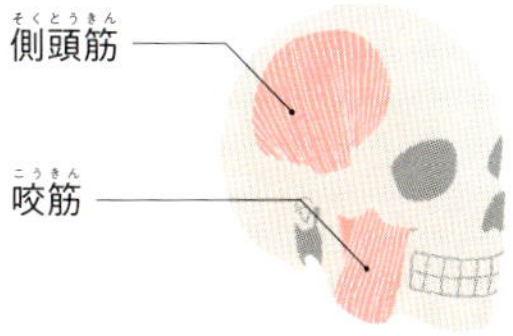

たるみの原因ともいわれる咀嚼《そしゃく》筋をゆるめる

筋肉が硬く凝り固まると肌の弾力が失われます。咀嚼筋という顔の横にある大きな筋肉をゆるめてあげる事が顔のたるみ対策に。ほおにあるこの咀嚼筋が硬くなる事が、たるみの原因という説もあるほどです。直接マッサージして筋肉をゆるめましょう。加えて、ほおから鼻にかけて小腸経が通っていて、ここの筋肉をゆるめる事は小腸のケアにも繋がります。小腸がしっかりと働いて、食べたものから栄養がきちんと吸収される事で、柔らかな筋肉や皮膚がつくられます。たるまない肌づくりに大切なマッサージです。

季節ごとの美習慣

晩夏

ハリのある若々しい肌づくりの基本

脾を癒して必要な栄養をしっかりと吸収する事が、疲れやすい季節の変わり目のたるみ対策に大切です。

晩夏と脾について

「顔のたるみは内臓のたるみ」と東洋医学では考えられていますが、脾《ひ》はまさにたるみ改善の要になるところです。脾は消化・吸収を担当し、食べ物から得られた栄養素を体内に取り込む役割があります。たるみのない綺麗な肌やハリのある筋肉をつくるためには、十分な栄養が必要です。そのため、脾や胃が疲れていると、いくら栄養あるものを食べてもからだがつくられません。なので、消化吸収の働きをする脾は、肌のたるみ改善の要であり、ハリのある若々しい肌づくりの基本です。

　脾は晩夏や梅雨など季節の変わり目に対応しています。季節の変わり

晩夏にあらわれやすい脾のサイン

サインに心当たりがある場合、
脾の経絡ケアを普段より
意識的に行いましょう。

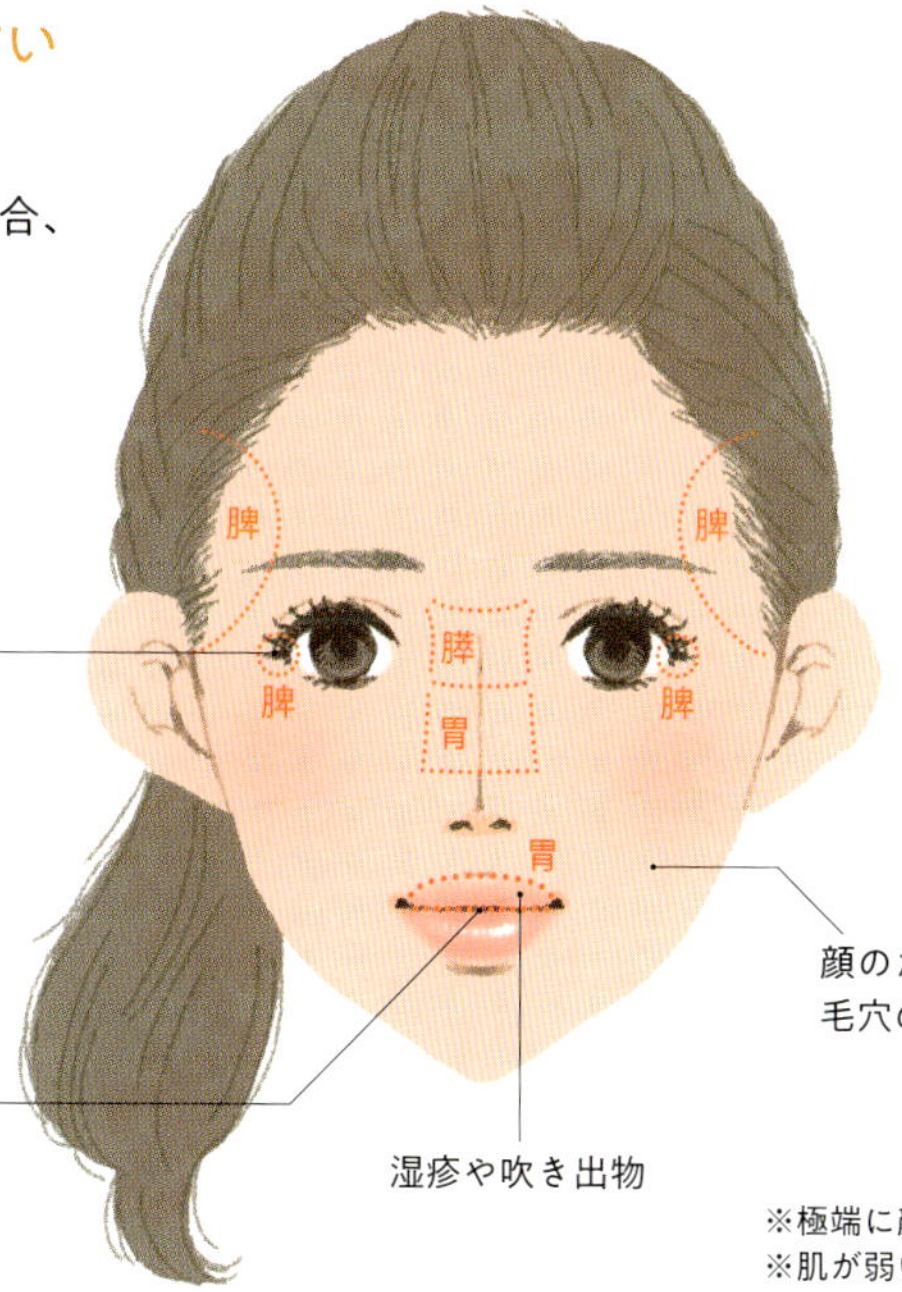

脾
脾
脾
胃
脾
脾
胃
薄目をあけて
眠る時がある
舌が白いまたは赤い
舌苔が白く厚い
口内炎が出やすい
口の中が乾きやすい
口が臭い
唾液が多い
歯茎の腫れや出血
湿疹や吹き出物
顔のたるみ、
毛穴の開き
※極端に顔が黄色い
※肌が弱い、敏感肌

目に体調を崩しやすい人は多いですが、疲れや不調を感じるのは脾の疲れの影響かもしれません。

また、脾の疲れは「唇が荒れる」・「口内炎」・「味がわからない」など、口や唇のトラブルに繋がります。全身くまなくケアをしていく事が大切ですが、その中でも脾のセルフケアは顔のたるみ対策にとってとても重要な場所です。

＊脾のサインがあらわれる場所
唇・鼻筋・目尻・こめかみ

＊脾を癒す経絡
脾経・胃経

＊脾を癒すビューティフード
黄色の食べ物・甘味

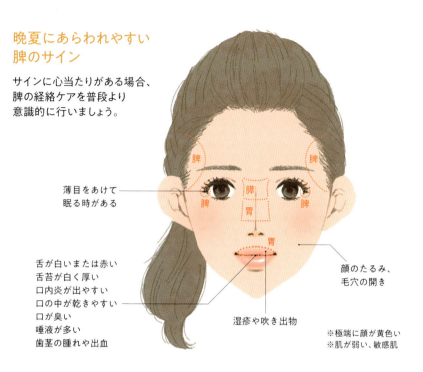

晩夏のワーク 1

脾を癒す経絡 脾経

親指を意識してからだの正面を刺激するのがポイント

＊ワークの仕方…脾経

1 足の親指からからだの前面を通る脾経をなでる

2 横になり腕と足を後ろに伸ばして、手で足の親指をつかむ

3 手で足を後ろに引っ張りからだの前面を刺激するポーズで10秒キープ

4 1〜3を反対側も同様に行う

※p.73 足親指に輪ゴムをつけて行うと効果アップ

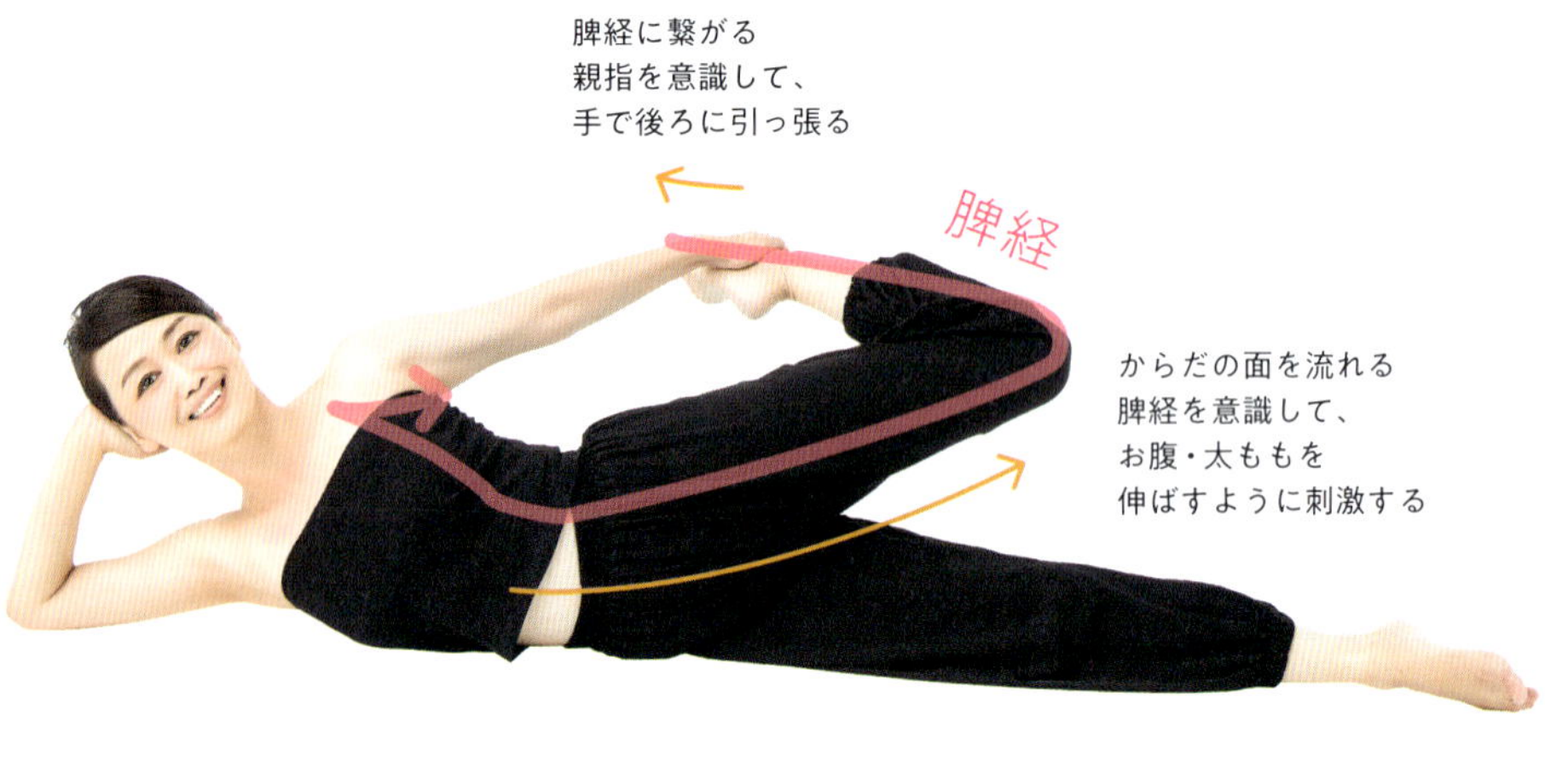

脾経に繋がる
親指を意識して、
手で後ろに引っ張る
脾経
からだの面を流れる
脾経を意識して、
お腹・太ももを
伸ばすように刺激する

脾経

晩夏は脾《ひ》との関わりが深い季節。季節の変化に合わせてからだも変化します。この時期にからだの変化が間に合わないと体調を崩しやすくなります。脾は東洋医学で消化機能全般を示す呼び名です。どれだけ生活を正しても消化器系が弱っていると、十分な栄養を取り込めません。健康にも美容にも脾経のケアは重要なポイントです。

ワークのコツ

手で足を握る時は親指に触ります。からだの前面を通っている脾経をイメージしながら刺激しましょう。

経絡について

経絡には流れの向きがあります。経絡図を参考に手で経絡をなでて気の流れを促します。

脾《ひ》経《けい》

消化吸収に関わり、食べ物から必要な栄養を吸収する。まっすぐ姿勢良く立つ事でも脾経の負担を減らせる。

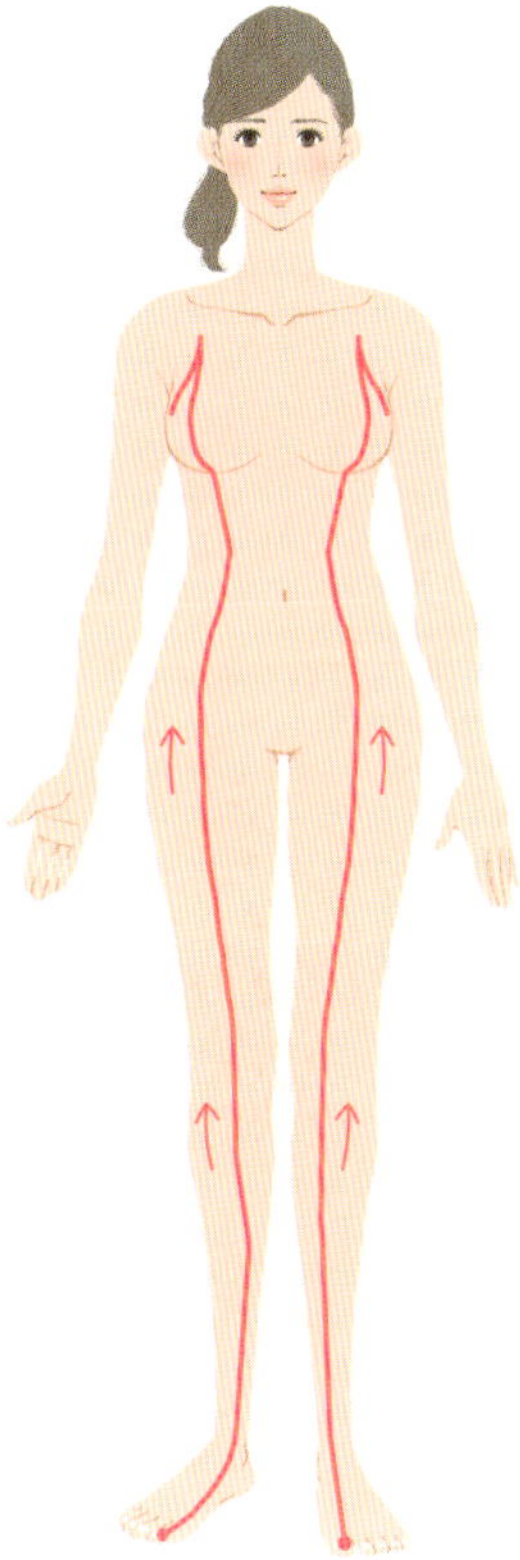

晩夏のワーク 2

脾を癒す経絡 胃経

足の人差し指から頭の先まで意識するのがポイント

＊ワークの仕方…胃経

1 顔から足の人差し指に向かって胃経をなでる

2 正座の姿勢から腕を地面についてからだを伸ばす

3 お尻と胸を持ち上げて頭から足先までを刺激するポーズで10秒キープ

※正座が苦しい人は無理に行わないで間のワーク（p.30）を行う

目線は上を向き、
頭・首に繋がる
胃経を伸ばすイメージ

下がった内臓を
元の位置に戻す
イメージで
お尻を持ち上げる

胃経の繋がる
人差し指を意識して、
つま先を伸ばす

胃経

胃が食べ物を最初に消化します。十分な胃液が分泌される事が、消化吸収にはとても大切です。肌自身も、たるみの原因になる筋肉も、十分なタンパク質の吸収が必要です。また消化の要である胃経のケアは、季節の変わり目にしっかりと体力をつける事にも繋がります。

ワークのコツ

胃経は頭の先から足の人差し指まで続いています。からだの前面を刺激するだけでなく、首から上にも意識を向けて全身の経絡の流れをイメージしましょう。

経絡について

経絡には流れの向きがあります。経絡図を参考に手で経絡をなでて気の流れを促します。

胃《い》経《けい》

たるみの原因となる、ほおの筋肉を鍛える事にも効果的。からだの前面を通る胃経はからだの前面に出た痛みのケアにも関係します。

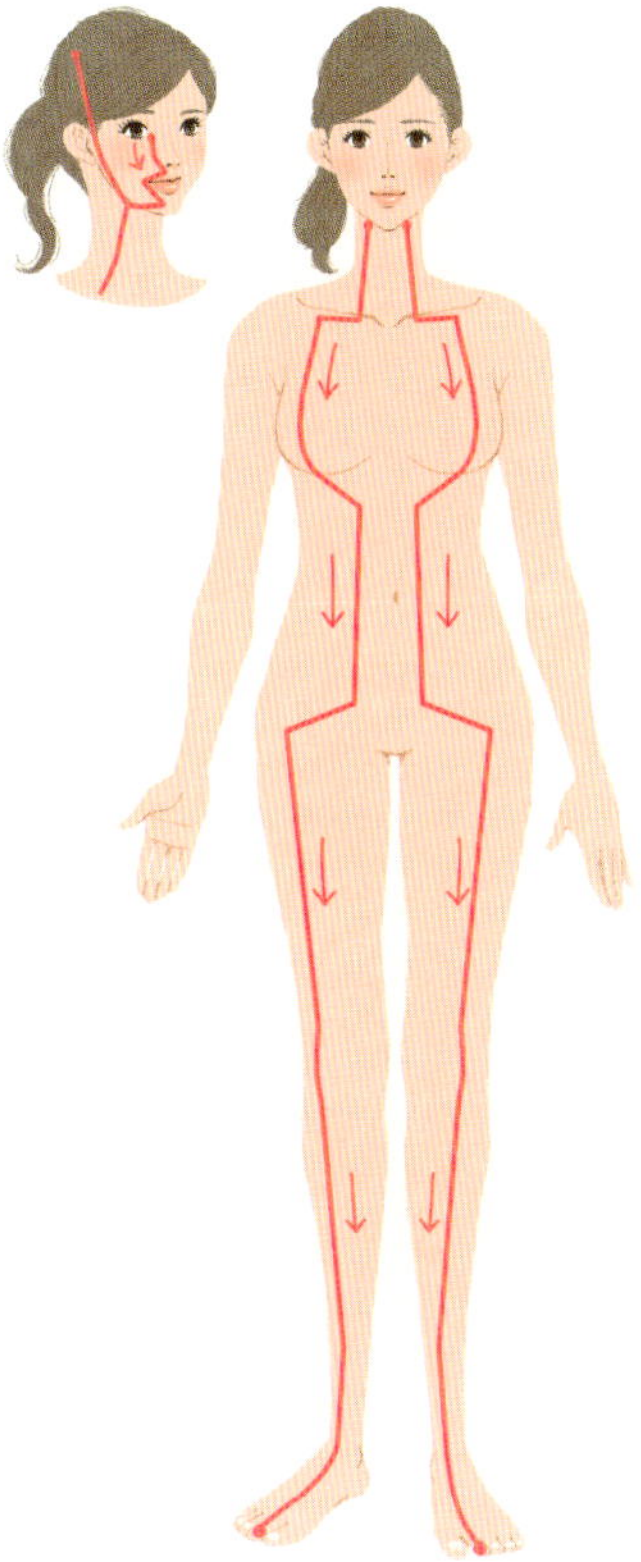

しっかり噛んで食べる甘味が脾を癒す

黄色の食べ物

かぼちゃ、トウモロコシ、サツマイモ、カリフラワー、ゆず、黄ズッキーニ、黄パプリカ、栗、あわ、きび、大豆、バナナ、ひよこ豆、玄米など

甘味のある食べ物

干し芋、焼き芋、茹でトウモロコシ、アーモンド、くるみ、甘栗、バナナなど

晩夏のビューティフードは黄色

晩夏は疲れが溜まりやすい季節で消化器系が弱りがち。脾《ひ》（消化器系）を癒す「黄色の食べ物」と「甘味のある食べ物」を食べましょう。甘味は脾の働きを助ける以外にもストレスや緊張を緩和する作用もあります。甘味がからだを滋養し、脾の働きの血をつくる力を育てます。料理の味つけだったり、おやつに穏やかな甘みのものを食べる事でメンタル面も落ち着きます。また脾は口に対応する部位なので、しっかりと噛んで唾液を出して食べる事が消化器系を助けます。噛むほどに甘味の増す自然な甘さがおすすめです。

口角アップレッスン

顔の中で一番大きな表情筋である
大頬骨筋《だいきょうこつきん》を鍛えて
顔のたるみを改善。

1 頬骨の下に人差し指をあてる

2 指でほおを持ち上げて10秒キープ

※10本以上の歯が見えるくらい口角を上げる

口角を上げて表情筋を鍛える

口は消化器系全般の様子をあらわしていて、脾の疲れは口や唇にあらわれます。例えば唇に縦ジワが入るのは内臓が乾いているサインで、ドライマウスや食べ物の味がわからなくなるといった口の中のトラブルも、脾が疲れている時に出るサインです。人差し指でほおを持ち上げるケアは、ほおを通る胃経をケアしながら、顔の中で一番大きな表情筋の大頬骨筋《だいきょうこつきん》を鍛えられます。この時にほおを横ではなく上に持ち上げるのが大切です。慣れないとほおを上に持ち上げるのは難しいので指で補助しながら行いましょう。

唇にあらわれる様々なサイン

唇には消化器系の反射区がある
唇のどの場所にサインがあらわれるかで、どこが弱っているかがわかる

あらわれるサイン

縦ジワ

皮むけ

口角切

吹出物

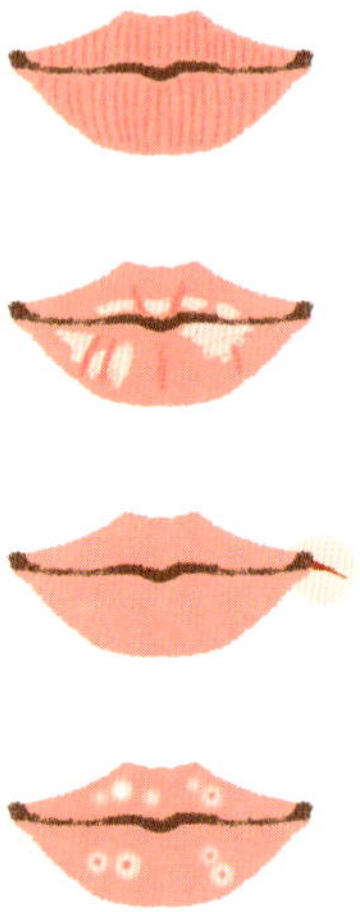

反射区

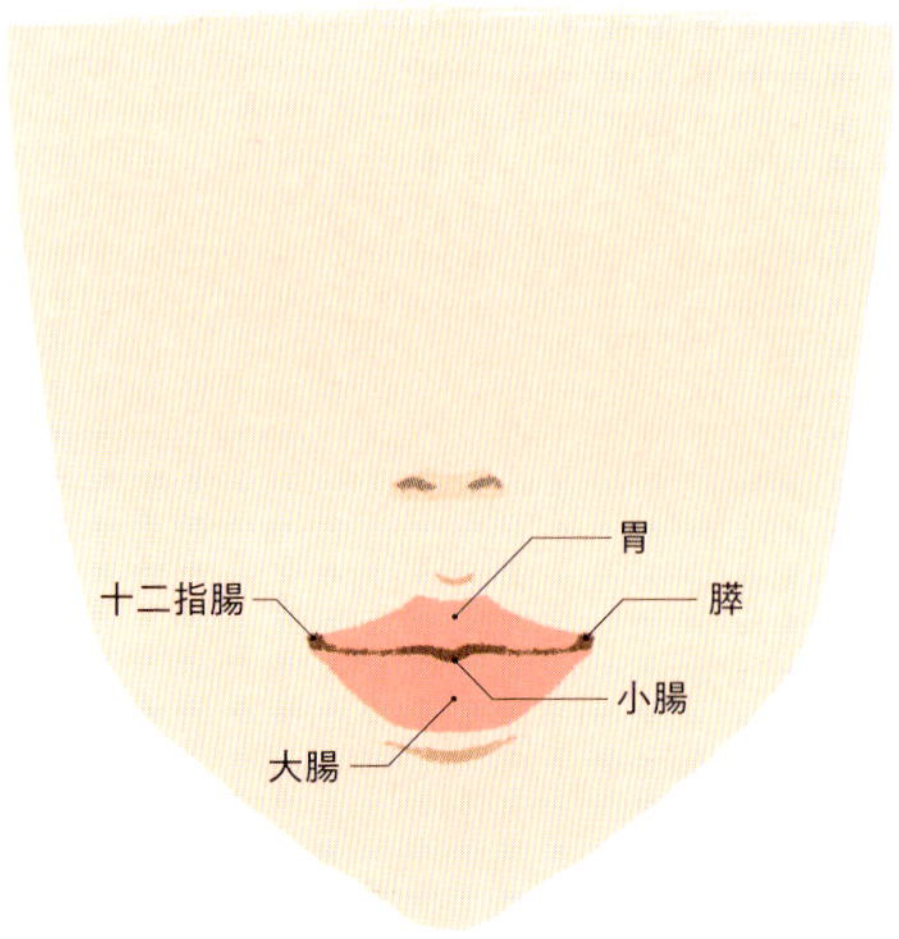

口と唇のセルフチェック

口や唇は消化器系全般からのサインがあらわれます。味がわからない、口内炎ができるなど、口の中にあらわれるサインや、唇にできるサインもあります。胃や脾《ひ》が弱ると十分な栄養が吸収できなくなり、肌に必要な栄養が不足します。更にサインがあらわれる唇の場所によって、サインを出している内臓も変わるので、変化を見逃さずに気になる内臓の経絡をケアしましょう。例えば上唇に縦ジワが入るという事は胃も乾いています。口の端が切れるのは、食べ過ぎで十二指腸が悲鳴を上げている状態です。唇を鍛えて（p.71参照）胃と脾の機能も上げていきましょう。

輪ゴムを使った経絡ケア

足指を通っている脾と胃の経絡は輪ゴムが1本あれば手軽にケアできる
2、3章で紹介している様々な経絡ケアと同時に行うのがおすすめ

1 親指に輪ゴムをかけて八の字にひねってかかとにかける

2 母指球に体重を乗せてまっすぐに立つ

※輪ゴムはかけ続けないで1回1分以内で外す

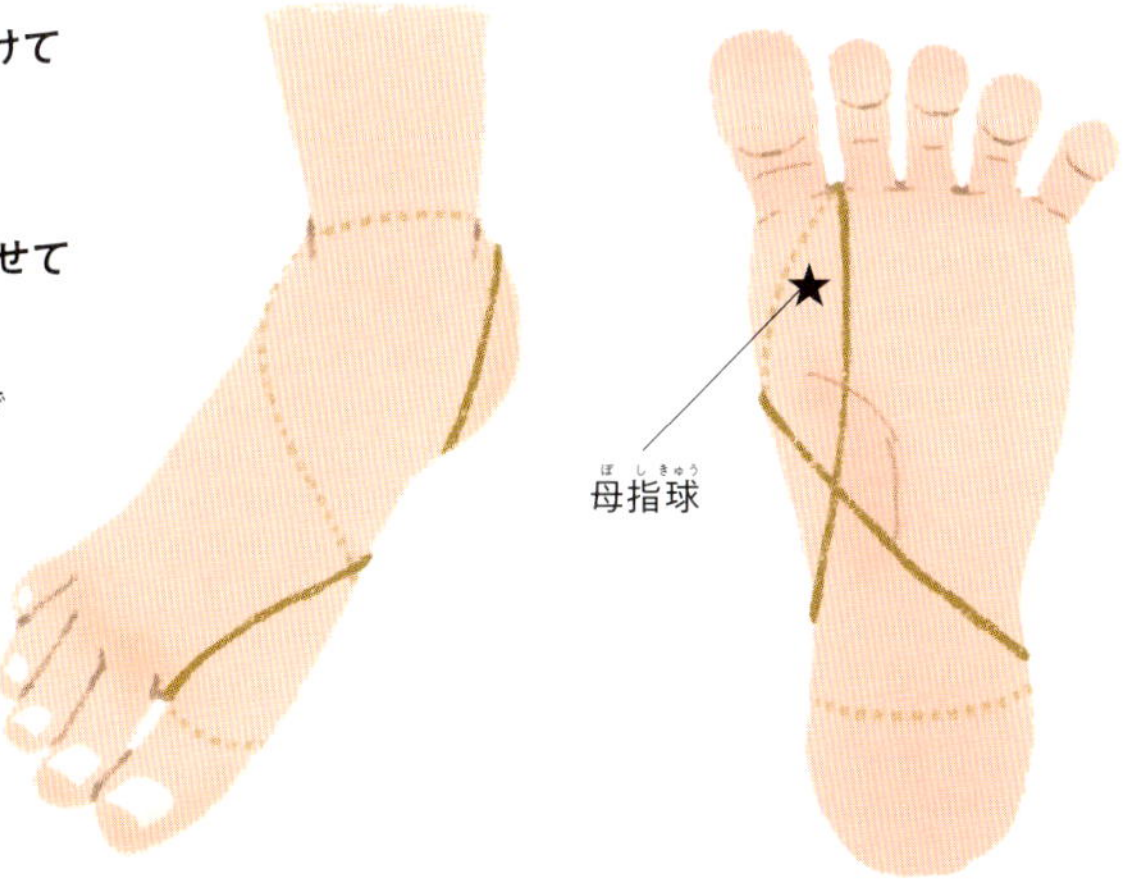

足指から消化器系を癒してハリのある肌づくり

脾や胃の消化器系は肌の調子と深い関わりがあるので、ハリのある肌の弾力を保つためには脾や胃を癒してあげるのが大切です。足の親指には脾経、人差し指には胃経があり、経絡のラインに輪ゴムをかける事で足指から消化器系の経絡をケアできます。イラストのように指に輪ゴムをかけて、母指球を意識してまっすぐに立ちます。更に足指に輪ゴムをつけたまま経絡を刺激するワークを行うのもおすすめです。注意点は輪ゴムはかけっぱなしにせず、1回1分以内で指から外しましょう。

季節ごとの美習慣

秋

潤いのある しっとりとした 肌づくりの基本

肺を癒して気や水を十分に循環させる事と、からだの水分バランスを整える事が秋のたるみ対策に大切です。

秋と肺について

肺《はい》は呼吸で空気の出入りを担当する以外にも、水分代謝をコントロールしていて、水分をからだの乾いた場所に送る働きや、余分な水を排泄させる働きがあると東洋医学ではいわれています。秋は秋風の乾いた空気でからだが乾燥しがちです。肺の働きを助けて、気《き》や水《すい》を正常に循環させる事が、潤いのあるしっとりとした肌づくりの基本になります。

秋の乾いた空気は肺自体も乾燥させます。肺が疲れて気や水の代謝が落ちると「肌の乾燥」や「からだのむくみ」といったサインがあらわれます。特に肺は顔のほおに反射区があるので、顔の印象に大きく影響し

秋にあらわれやすい肺のサイン

サインに心当たりがある場合、
肺の経絡ケアを普段より
意識的に行いましょう。

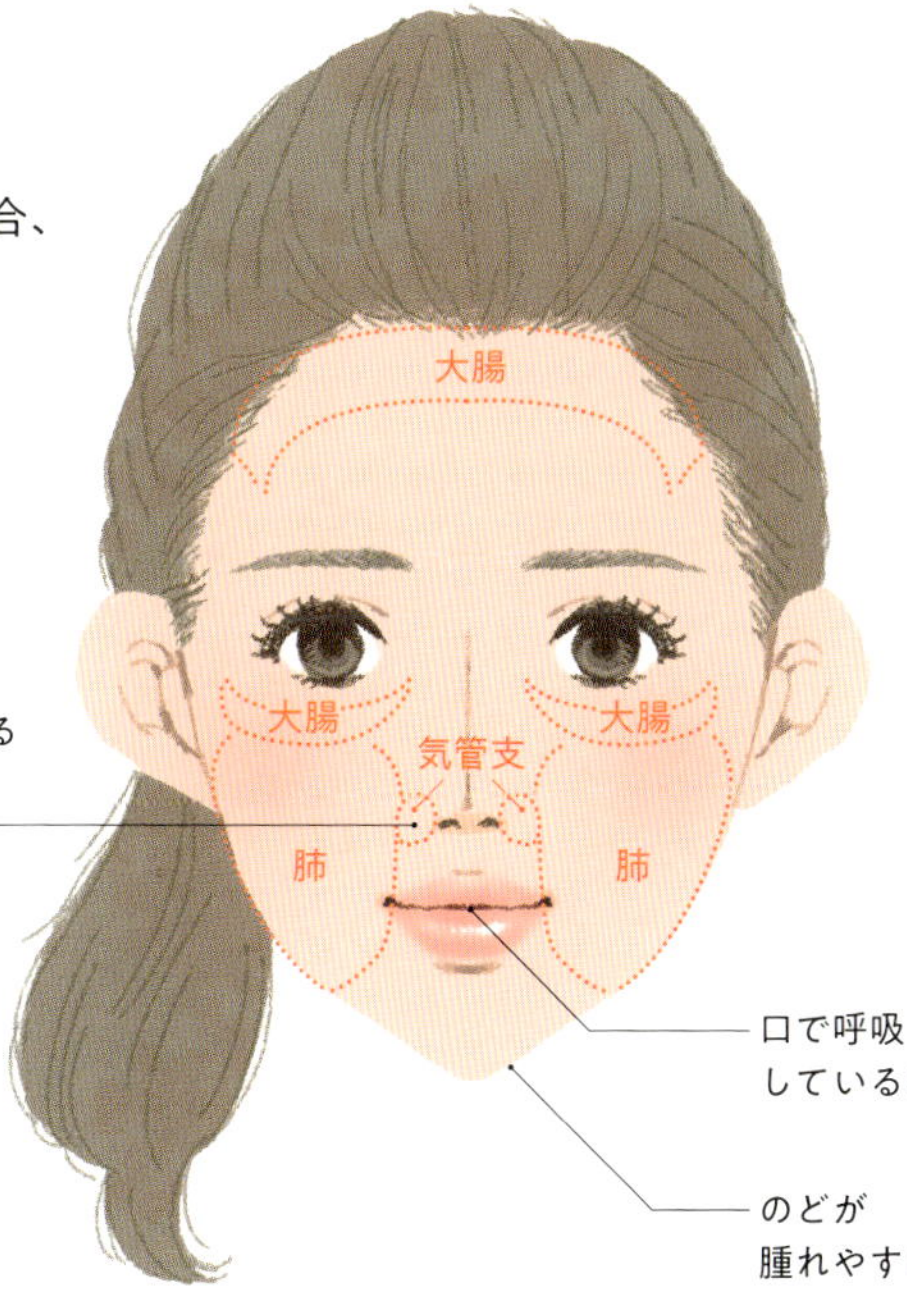

鼻がつまる
鼻水がよく出る
鼻やほおに吹き出物ができる

口で呼吸
している事が多い

のどが
腫れやすい

※顔が白い
※じんましんや湿疹が出やすい

ます。潤いを奪われないための鼻呼吸や胸を開いた深い呼吸が大切です。肺はリンパ系とも関わりがあり、肺の経絡が流れる肩・胸周りを解放する事で、呼吸も深くなり、リンパの流れもよくなります。肺の機能を上げて乾燥に負けない潤いのある肌を目指しましょう。

＊肺のサインがあらわれる場所
ほお・鼻・髪の生え際・体毛

＊肺を癒す経絡
肺経・大腸経

＊肺を癒すビューティフード
白色の食べ物・辛味

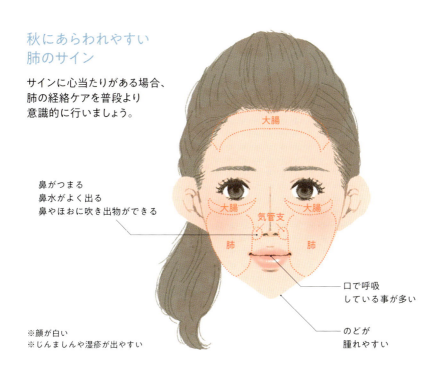

秋のワーク 1

肺を癒す経絡 肺経

鼻呼吸を意識して
大きく胸を開くのがポイント

＊ワークの仕方…肺経

1 胸から腕の内側を流れる肺経を親指の先までなでる

2 うつ伏せになり腕で状態をそらす

3 手の親指でからだを支える意識で胸を大きく開いて、腕から胸全体を刺激するポーズをとり10秒キープ

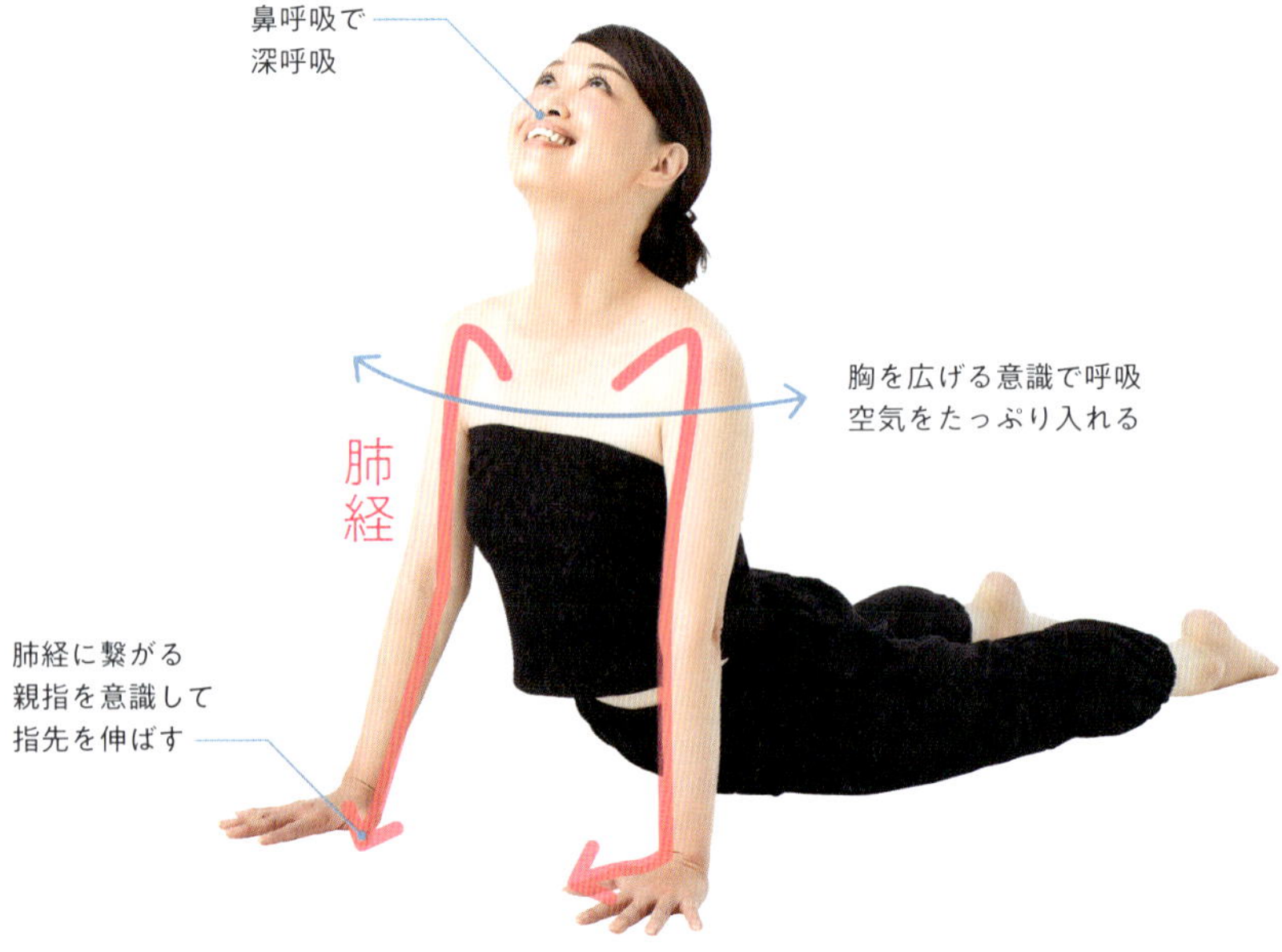

鼻呼吸で
深呼吸
胸を広げる意識で呼吸
空気をたっぷり入れる
肺
経
肺経に繋がる
親指を意識して
指先を伸ばす

肺経

乾燥が気になるこの季節は、からだの内側も乾燥しがちです。肺経をケアしてしっかりと肌の潤いを保ちましょう。また、鼻やのどの粘膜にも関わるので風邪の予防にも繋がります。経絡のケア以外にも鼻で呼吸する事も、肺をいたわり、乾燥させないからだづくりには欠かせません。

ワークのコツ

肺経は手の親指に繋がっているので、指先まで意識して刺激します。ワークを行う時は鼻呼吸で行い、胸を大きく開くように意識します。

経絡について

経絡には流れの向きがあります。経絡図を参考に手で経絡をなでて気の流れを促します。

肺《はい》経《けい》

肩こりやむくみの解消に効果的です。また鼻呼吸はほうれい線対策にもなります。

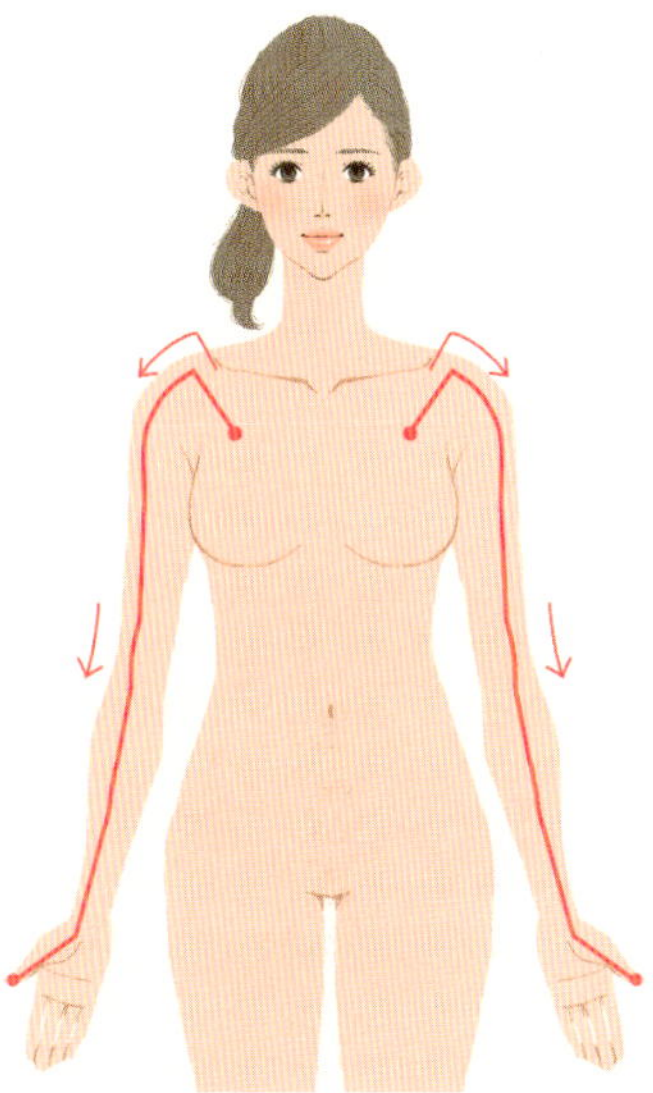

秋のワーク 2

肺を癒す経絡 大腸経

指先を意識して背中側まで刺激するのがポイント

＊ワークの仕方…大腸経

1 人差し指から鼻の横まで通っている大腸経をなでる

2 指はピストルポーズでからだを横向きに寝そべる

3 腕で大きく円を描くように正面から背中へ腕を動かす

4 腕から背中まわりを刺激するポーズをとり10秒キープ

5 1～4を反対側も同様に行う

大腸経に繋がる人差し指を意識してピストルポーズ
大きくからだをひねって背中を伸ばす
大腸経
大腸経
肺経

大腸経

腸内環境が肌質の向上に関わります。肺経と大腸経のケアが肌のコンディションにとって重要なポイントです。水分バランスが乱れると、腸内も乾燥して便秘など不調の原因になります。老廃物が肌からからだの外に出ようとして吹き出物など肌トラブルにも繋がります。

ワークのコツ

大腸経は手の人差し指からはじまるので指はピストルのポーズ。腕をまっすぐに伸ばして背中も刺激しながら腕を後ろ側に倒していきます。

経絡について

経絡には流れの向きがあります。
経絡図を参考に手で経絡をなでて気の流れを促します。

大《だい》腸《ちょう》経《けい》

腸の状態が肌の状態に関わり、肺経と合わせて肩こりやほうれい線の解消に効果的です。

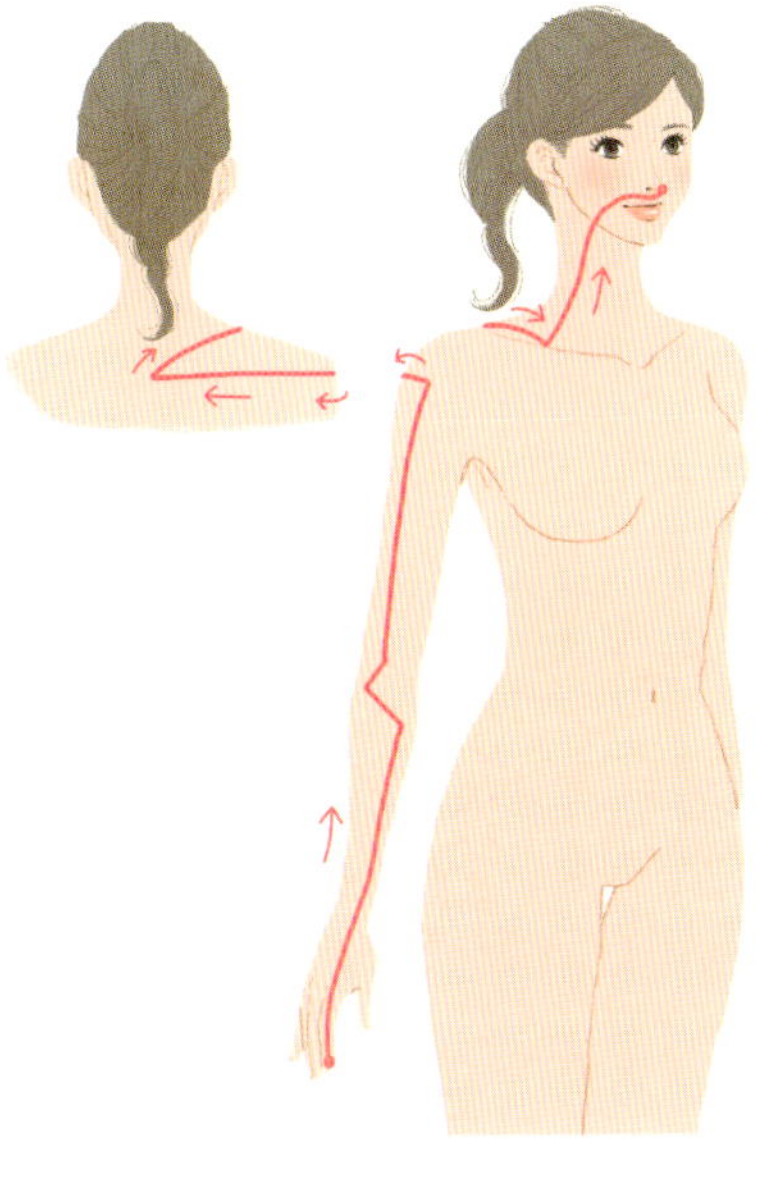

白くてネバネバした食べ物がからだを潤す

白色の食べ物

白菜、かぶ、ユリ根、
レンコン、山芋、長芋、
白アスパラガス、大根、
カリフラワー、白えのき、
豆腐、いか、ホタテ、
白ごま、白キクラゲ、
松の実、梨、りんごなど

辛味のある食べ物

生姜、ネギ、玉ねぎ、
にんにく、らっきょう、
唐辛子など

秋のビューティフードは白色

秋は乾燥からからだを守り、肺《はい》の力を補う「白色の食べ物」と「辛味のある食べ物」を食べましょう。辛味は肺の気《き》や血《けつ》を全身に巡らす働きを助け、季節の変わり目にからだの中に溜まりがちな寒気や湿気を発散させます。だからといって辛味の摂りすぎは禁物なので適量を取り入れるようにしましょう。加えてネバネバした食べ物はからだの乾燥を防ぎ、乾燥に弱い肺を潤す役割があります。白い食べ物にはりんごのように切って中身が白いものも含まれます。たるみ解決には乾燥対策が必須ですので、白くてネバネバしている食べ物はよりおすすめです。

ほうれい線対策の口アイロン

鼻の両脇には迎香《げいこう》という
ほうれい線対策で知られるツボがある
空気を含んでほおを膨らませ
口の内側からシワを伸ばす

**1 口にしっかり空気を含み
口の内側から
ほうれい線を伸ばす**

※鼻呼吸で行う
（口呼吸にならないように）

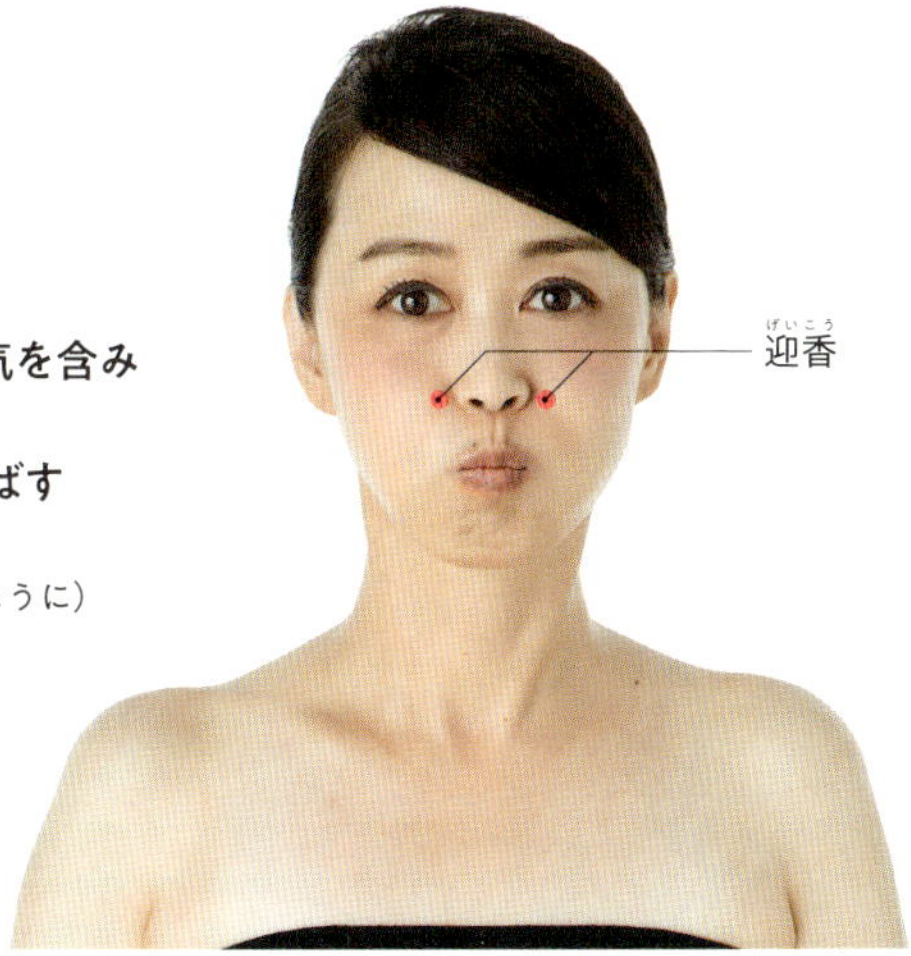

鼻でしっかりと深い呼吸をする事がたるみ対策

肺は気や水をからだのすみずみにいき渡らせる役割を持っています。肺が正常に働けるように、鼻でしっかりと深い呼吸をする事が大切です。口で呼吸している人は、鼻で呼吸するように心がけましょう。それだけでからだの潤いがキープされるはずです。いつでも簡単にケアできる方法として、口に空気をしっかり含み、口の内側からほうれい線にアイロンを当てるような動きをするのがお手軽です。口を閉じる事で自ずと鼻呼吸になるのもポイント。ちょっとした隙間時間に取り入れて毎日の習慣にしましょう。

全身の体毛にあらわれる様々なサイン

肺の不調で肌のバリアが弱まると
体毛が濃くなる事がある
体毛が濃く生える場所から
どこの内臓が不調かわかる

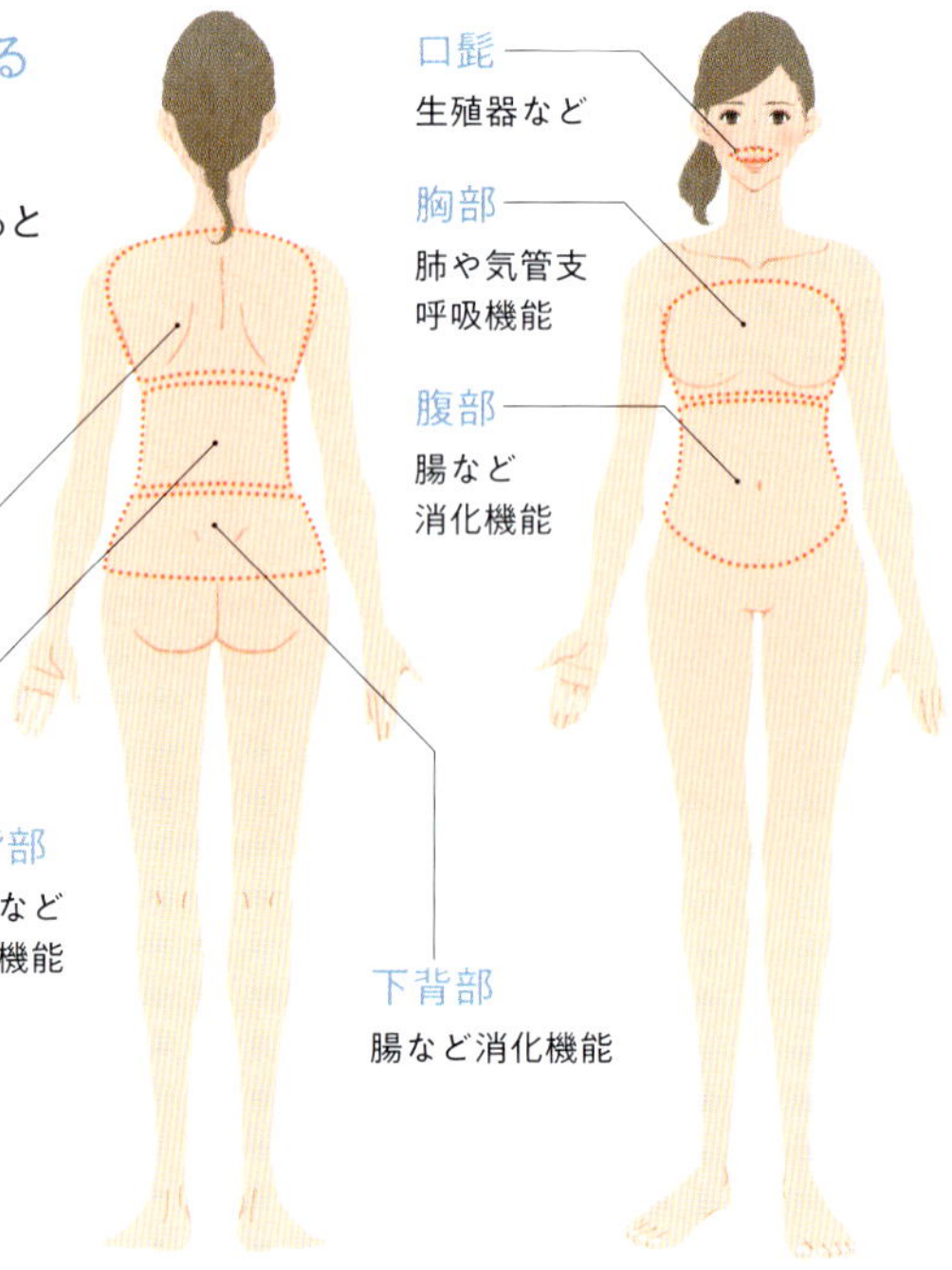
口髭
生殖器など
胸部
肺や気管支
呼吸機能
腹部
腸など
消化機能
上背部
肺など呼吸機能
中背部
腎臓など
排泄機能
下背部
腸など消化機能

※その他、毛が生えている場所は
その器官と機能が弱っているサイン

体毛のセルフチェック

肺《はい》は体表を守るために「衛気《えき》」という気《き》の流れをコントロールしています。衛気というのは皮膚をおおってからだを守ってくれるバリアだと思ってください。肺の働きが低下していると、衛気のバリアが弱まり、肌の乾燥などのトラブルに繋がります。呼吸器系の入り口である鼻で深く呼吸する事が肺の働きを助けます。そして体表の衛気が弱くなると、それを補うように部分的に体毛が濃くなる事があります。秋は空気も乾燥しやすく肺や肌にもトラブルが出やすい季節。肺経のケアと鼻呼吸で十分な衛気を保ちましょう。

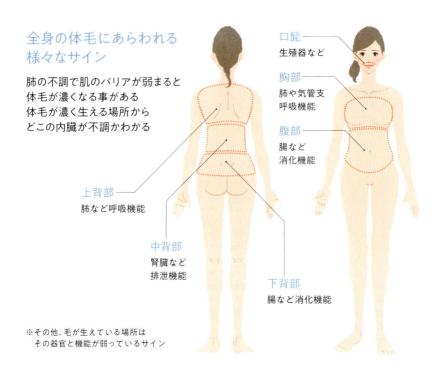

顔色にあらわれる様々なサイン

顔色の変化から体調がわかる
普段より何色に
変わってきているかで
ケアするべき経絡を推測する

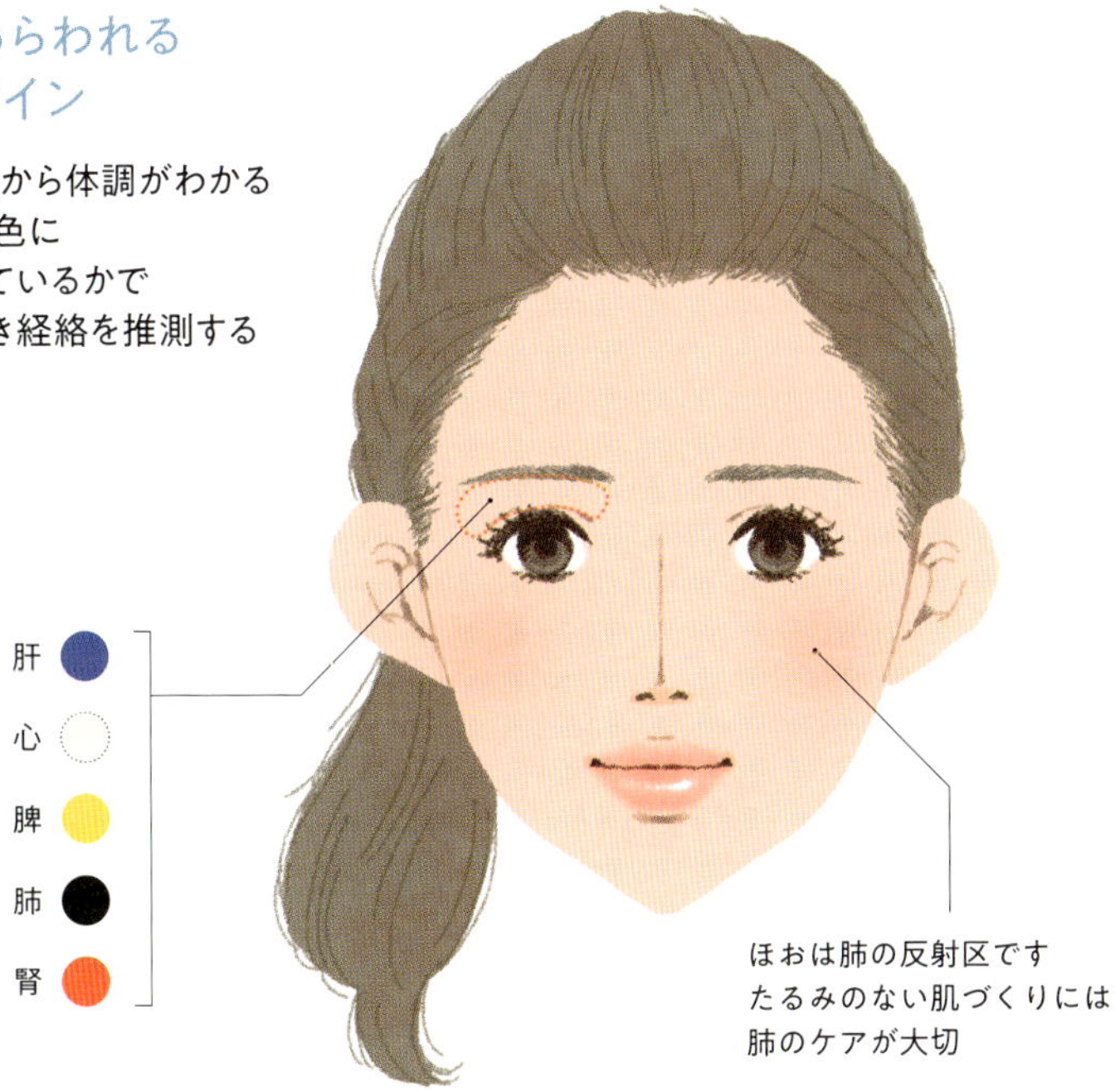
肝
心
脾
肺
腎
ほおは肺の反射区です
たるみのない肌づくりには
肺のケアが大切

腸内環境が美しい肌をつくる

ほおが綺麗な人はそれだけでも顔の印象が明るくなります。ほおは肺の調子があらわれる反射区で、肺をケアしてシミやシワなど、たるみのない肌づくりを目指しましょう。加えて肺はリンパとも関わりがあり、皮膚が乾燥するのは油の摂りすぎでリンパの流れが悪くなっているからといわれています。更に皮膚と大腸もまた関係が深い場所なので、アレルギーやアトピーなど皮膚に疾患がある場合、東洋医学ではまず腸の状態を疑います。美しい肌を目指すならば、まずは美しい腸内環境を目指さなくてはなりません。腸のあり方が綺麗な肌に繋がります。

季節ごとの美習慣

冬

むくみのない瑞々しい肌づくりの基本

腎を癒して
体内の老廃物や余分な水分を
しっかりと排泄する事が
冬のたるみ対策に大切です。

冬と腎について

腎《じん》は水《すい》の代謝をコントロールする役割と、全身へ気《き》（生命エネルギーや栄養物質）を供給する役割があります。なので気を生む役割の腎が弱ると老化現象に影響すると東洋医学では考えられています。腎は冷えに弱い部位なので、冬に腎を元気に保つ事は、いつまでも若々しさを保つためにとても大切です。

腎が疲れると水分コントロールがうまくいかなくなり「むくみ」・「冷え」・「髪のパサつき」といったトラブルに繋がります。腎を癒して十分な水分代謝を促す事が、むくみのない瑞々しい肌づくりの基本です。

腎は精気（生命活動のエネルギー

冬にあらわれやすい腎のサイン

サインに心当たりがある場合、
腎の経絡ケアを普段より
意識的に行いましょう。

髪が細くて弱い
若白髪
抜け毛が目立つ
耳のまわりに
湿疹ができる
腎
腎
腎
腎
目の下にクマがある
まぶたがむくみやすい
舌が赤く舌苔《ぜったい》が薄い
歯が弱く虫歯が多い
※肌が黒ずんでいる

源）を生む場所であり、疲れた腎を癒す事は生命エネルギー溢れる若々しいからだづくりに繋がります。逆に腎の疲れが更に進むと「性欲の衰え」・「不感症」・「子宮がんや乳がん」、男性の場合は「ED」・「前立腺肥大」などのトラブルが起こりやすくなります。腎の経絡は背中を流れており、ケアが少し難しい場所なので、特に意識的なセルフケアを心がけましょう。

＊腎のサインがあらわれる場所
耳・髪の毛・目のまわり・歯
＊腎を癒す経絡
腎経・膀胱経
＊腎を癒すビューティフード
黒色の食べ物・鹹味《かんみ》（しおからい）

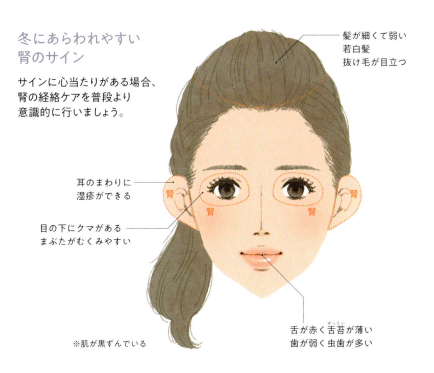

冬のワーク1

腎を癒す経絡 腎経

足裏をぴったりと地面につけるのがポイント

＊ワークの仕方…腎経

1 足の裏から脚の内ももを通って鎖骨まで腎経をなでる
▶
2 仰向けに寝そべりお尻を上げる
▶
3 足裏を地面にピッタリつけたままお尻を高く持ち上げる
▶
4 足裏でしっかり地面を踏んでからだの前面を刺激するポーズをとり10秒キープ

腎経に繋がる
足裏を意識して、
地面にぴったり
足をふんばる
腎経
膣・尿道を
締めるように力を入れて、
お尻を持ち上げる

腎経

冬は腎《じん》との関わりが深い季節。腎は気を生み出すための大切な部位です。冬に動物たちが冬眠に向けて栄養を摂るように、私たちもしっかりと体内の気を補う必要があります。腎は寒さに弱いのでこの時期はしっかりと腎経をケアするようにしましょう。

ワークのコツ

腎経は足裏の湧泉《ゆうせん》からはじまるので、しっかりと地面に足裏をつけます。内もも、お腹を刺激するようにお尻を持ち上げ、この時に膣・尿道に力を込めるように意識します。

経絡について

経絡には流れの向きがあります。経絡図を参考に手で経絡をなでて気の流れを促します。

腎《じん》経《けい》

水分のコントロールの働きがあり、むくみ対策に。気を生み出す役割があるので、老化現象全般にも関わる。

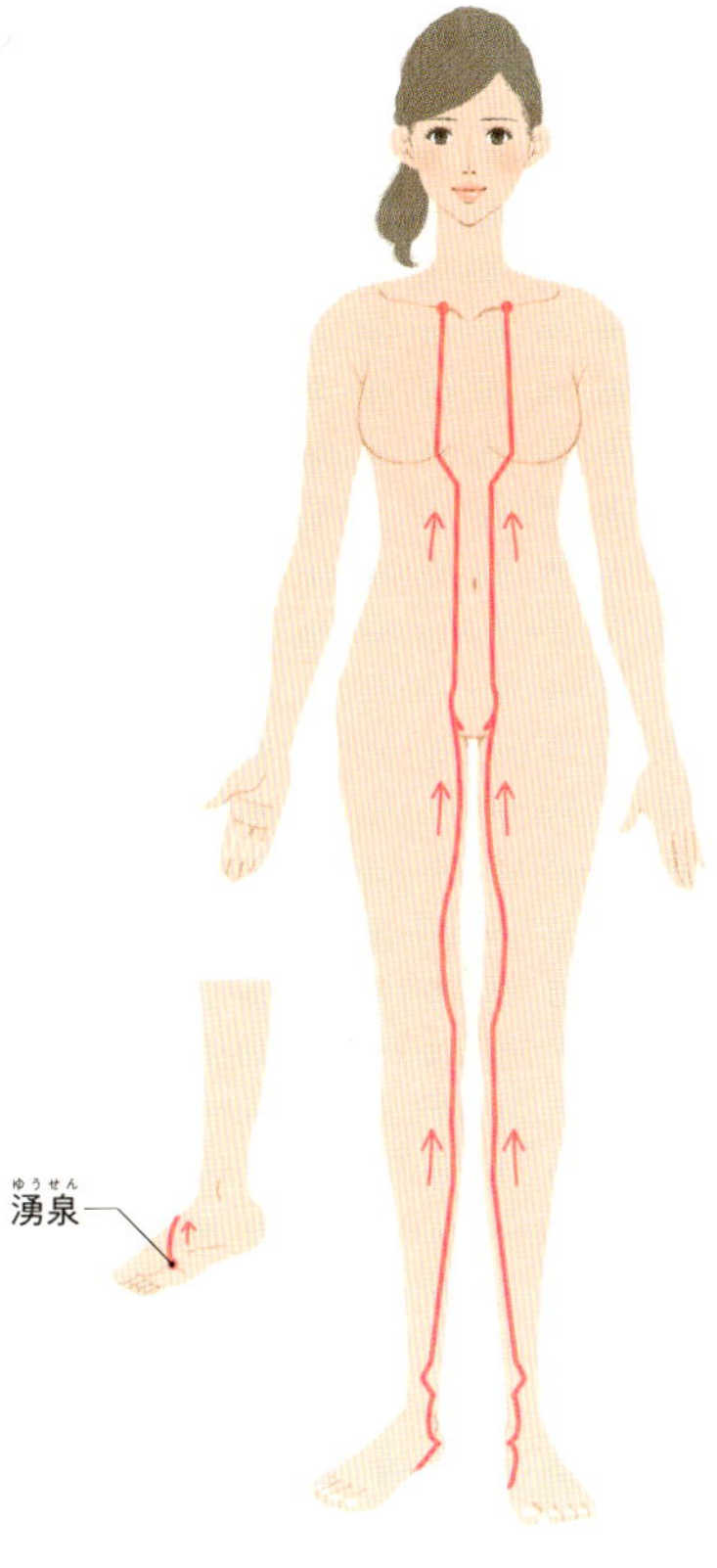

冬のワーク 2

腎を癒す経絡 膀胱経

頭の先から足の小指まで
意識するのがポイント

＊ワークの仕方…膀胱経

1 頭から下向きに手の届く範囲で背中の膀胱経をなでる

2 うつ伏せになり脱力する

3 頭とつま先を遠くに伸ばす意識で背中を反らせて10秒キープ

※10秒キープが難しい場合、できる範囲でキープ

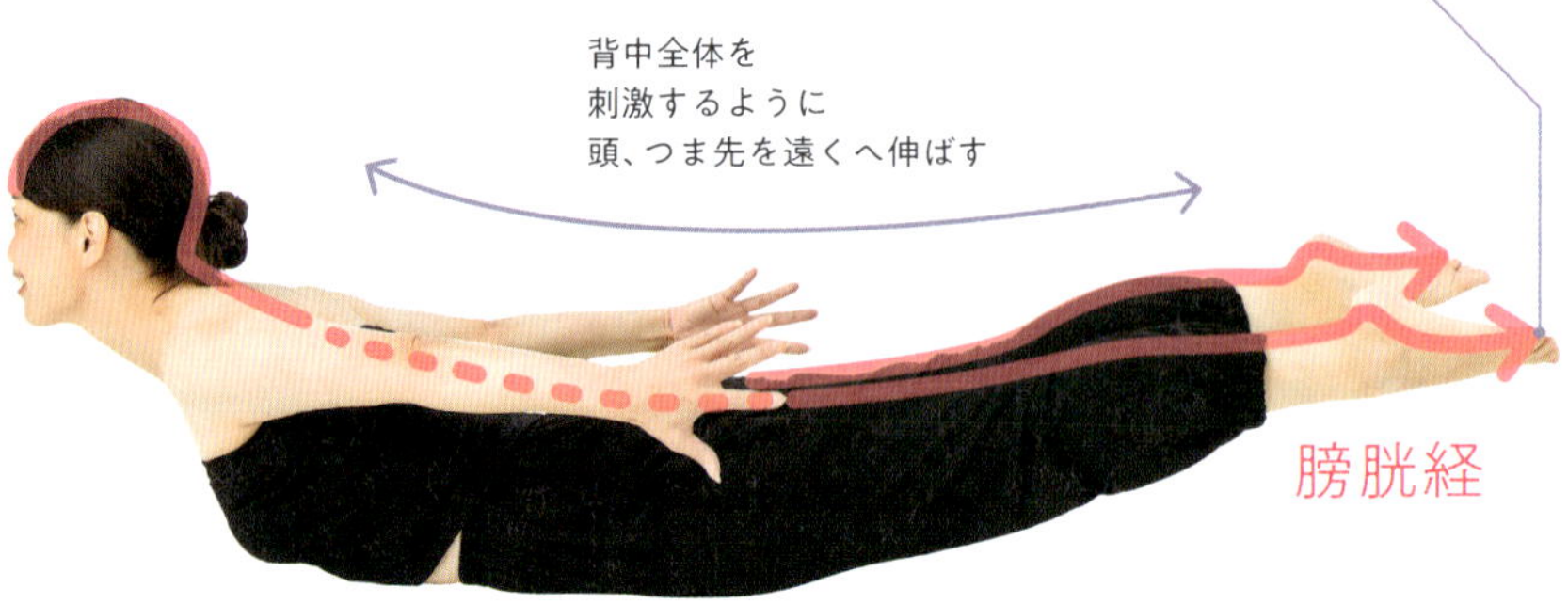

膀胱経に繋がる
小指を意識して
つま先を伸ばす
背中全体を
刺激するように
頭、つま先を遠くへ伸ばす
膀胱経

膀胱経

冬は汗が少ないので、水分コントロールの役割が膀胱に集中して負担が増す季節です。更に寒さの影響で血水の循環が滞りがちです。腎は体内の老廃物を排泄させる役割があるので、しっかりとケアをして体内に老廃物や余分な水分を溜め込まないようにしましょう。

ワークのコツ

膀胱経は背中側を通っているので、手で触るのが難しい経絡です。目元から背中を通って足の小指まで、大きくからだを使って全身を刺激するイメージで行います。

経絡について

経絡には流れの向きがあります。
経絡図を参考に手で経絡をなでて気の流れを促します。

膀《ぼう》胱《こう》経《けい》

唯一背中側を通る経絡。背中を意識して姿勢を整える事が顔のたるみ対策に効果的です。

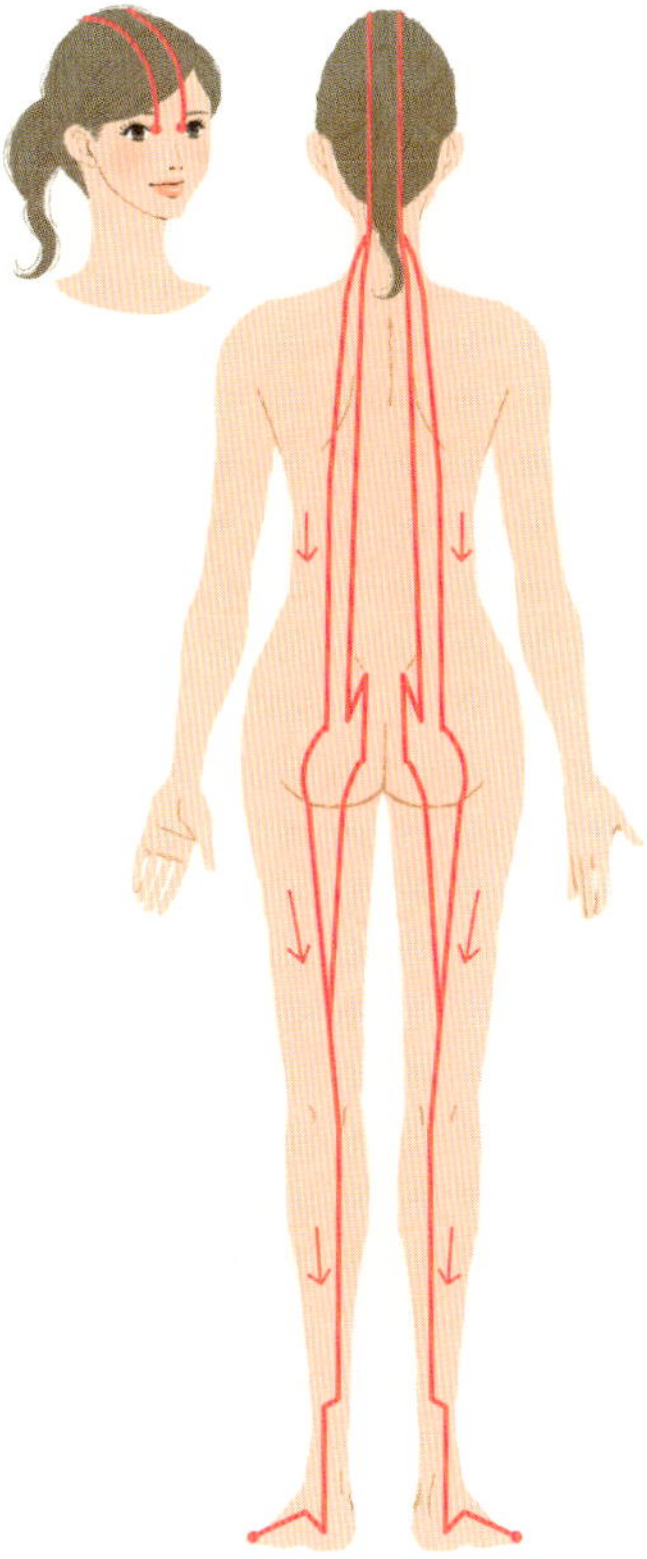

からだを温める黒い食べ物で寒さに弱い腎を癒す

黒色の食べ物

黒豆、黒米、小豆、里芋、ひじき、こんにゃく、しいたけ、黒きくらげ、黒いんげん豆、まいたけ、黒ごま、わかめ、昆布、海苔、そば、黒酢、プルーン、アサイー、チアシード、ぶどう、ブルーベリーなど

鹹味《かんみ》のある食べ物

牡蠣、ホタテ、しじみ、あさり、イカ、エビ、味噌、昆布、わかめ、海苔など

冬のビューティフードは黒色

冬はからだを温める作用のある「黒色の食べ物」と「鹹味《かんみ》のある食べ物」を食べましょう。冬は水分代謝の力が弱りやすく、血液中に老廃物や余計な水分が溜まりがち。黒い食べ物は腎《じん》を癒し、血液が正常に栄養を運搬する働きを助けます。また、鹹味《かんみ》はしおからい食材の事で、腎の内分泌系の乱れからくる冷えに働きかけてくれます。例えば小豆は腎臓の形によく似ていて、血液を美しくする効果があります。紫色の食べ物もこの時期のからだを助けてくれるので、あわせて取り入れるのがおすすめです。

耳引っ張りでほおのリフトアップ

耳には多くのツボが集まり
耳を揉む事がケアになる

耳は咀嚼筋とも繋がり
リフトアップにも繋がる

3ヶ所をセットでケア

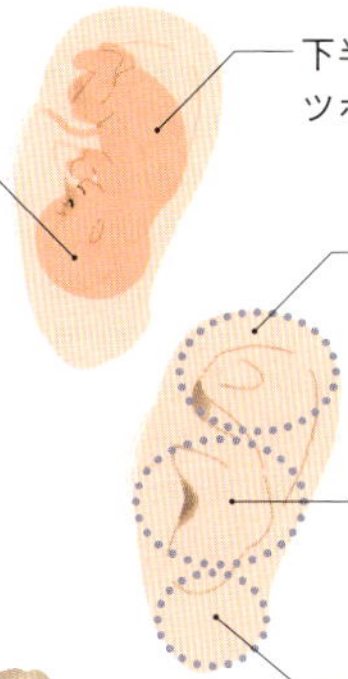
下半身側の
ツボが集まる
上半身側の
ツボが集まる
上
自律神経
心身の健康促進
中
首から肩への
血流促進
下
脳の血流を促す

1 耳を引っ張る

あごを脱力してゆったりとフェイスラインを柔らげながら行う

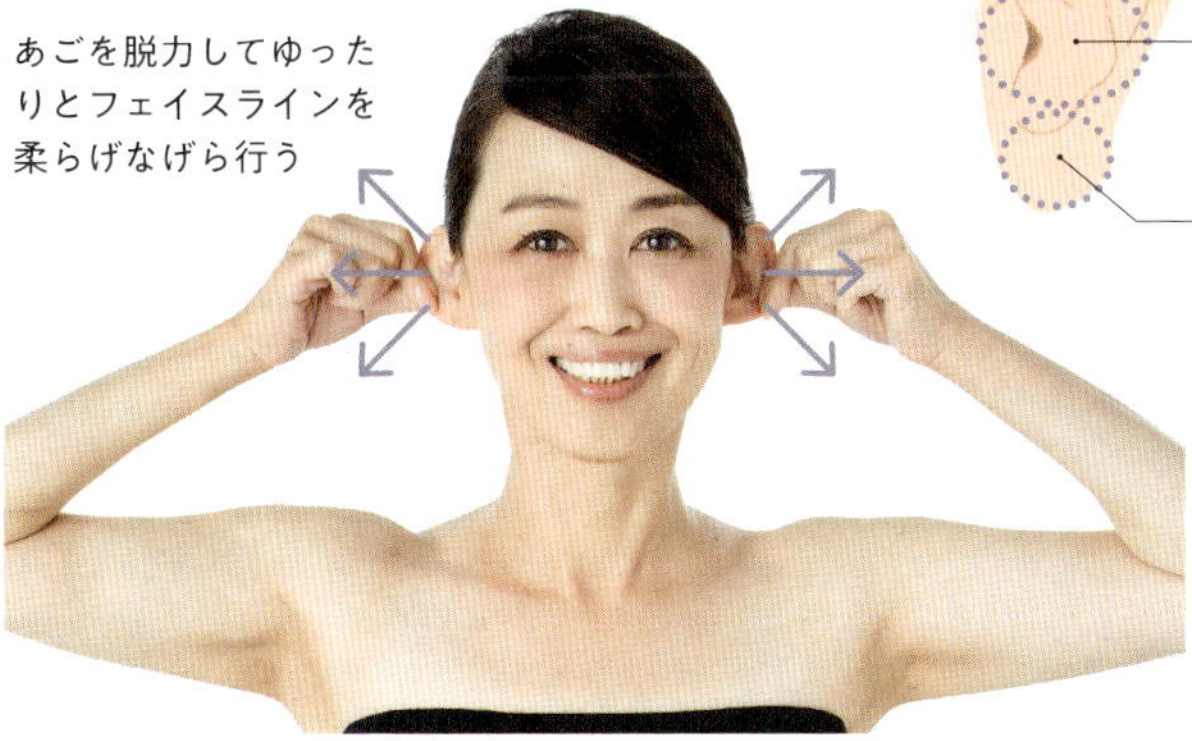

耳から全身のケア

耳には全身のツボが集結していて、耳のケアは全身の内臓やメンタルのケアに繋がります。耳にある全身の様々なツボの配置は、人を逆さまにした様子と重なります。耳を直接引っ張ってツボを刺激し、全身の気《き》の巡りを促しましょう。その時に、耳の上、真ん中、下側と3つのエリアに分けて引っ張る事で、全身くまなくケアできます。更に、耳はたるみの原因ともいわれる咀嚼《そしゃく》筋（p.63のイラスト参照）とも繋がっています。耳を引っ張る事は、たるみの原因となる筋肉を柔らかくほぐす事にも繋がり、リフトアップも期待できます。

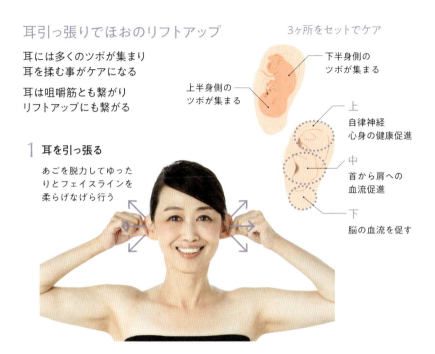

髪にあらわれる全身のサイン

決まって同じ場所だけ白髪が生えやすかったり
髪に元気がなかったりするのは対応する反射区からのサイン

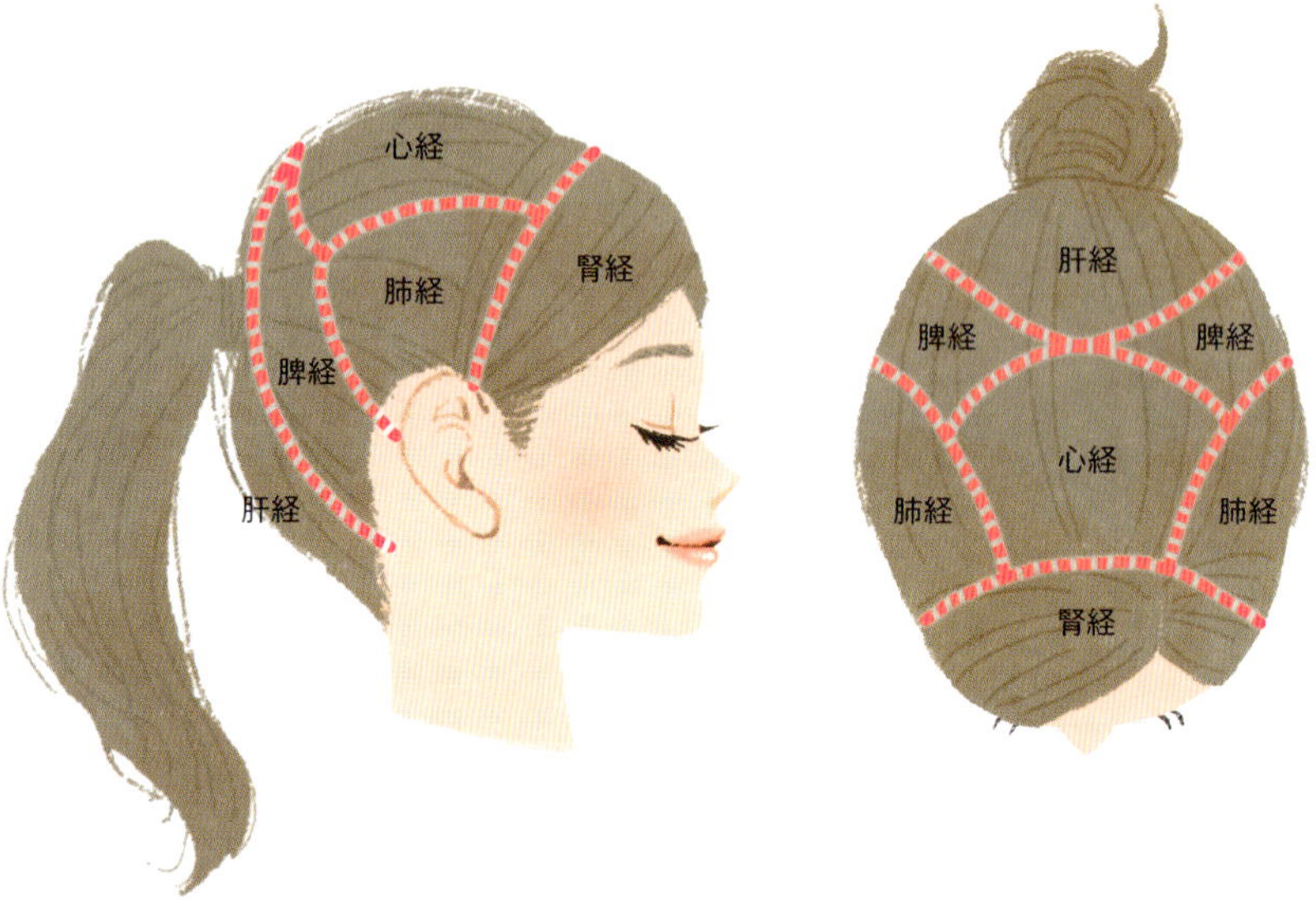

髪質のセルフチェック

東洋医学の考えでは「髪は血の余り」といわれています。黒くツヤツヤとした髪の毛は腎が健康なあらわれです。逆に髪の毛がパサついて元気がない、白髪が増えた、抜け毛が気になるなどに心当たりがあれば、それは血の不足や加齢などで腎《じん》が疲れています。更に、髪の毛の不調があらわれる部位も、体調を知る手がかりになります。頭にある反射区は大きく5つに分ける事ができます。部分的にいつも同じ場所だけ白髪が生えるなど、からだのサインを参考に、腎のケアと気になる経絡のケアを心がけましょう。

ふくらはぎを柔らげる運動

ふくらはぎが硬いのは腎からのサイン
直接ふくらはぎを刺激して
柔らかいふくらはぎをつくる

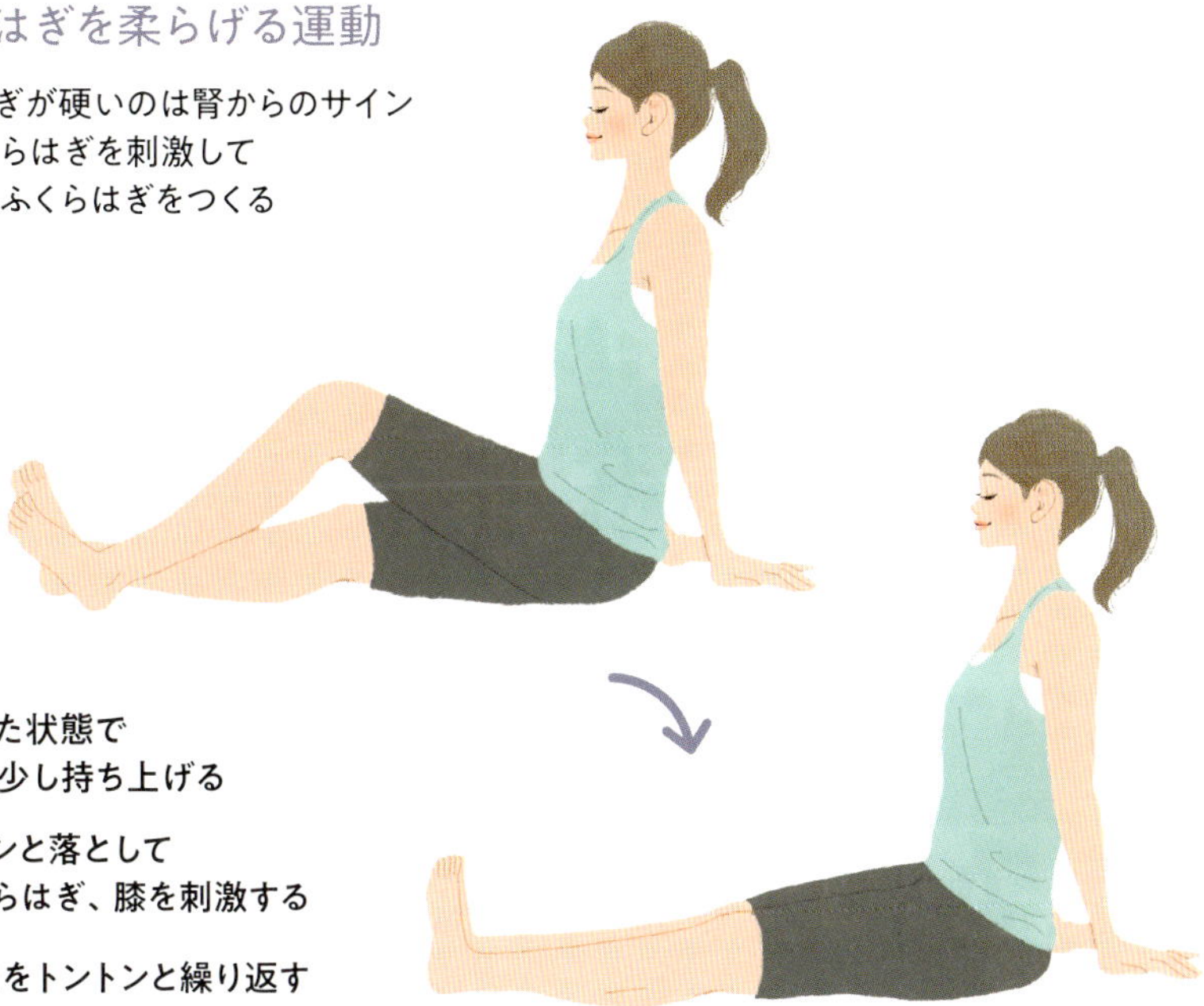

1 座った状態で膝を少し持ち上げる
2 ストンと落としてふくらはぎ、膝を刺激する
3 1~2をトントンと繰り返す

ふくらはぎから腎のケア

東洋医学の考えでは、腎の健康状態は骨や歯のトラブルに繋がります。腎の気を生む力が弱まると骨折しやすくなったり、歯の変色や虫歯が増えたりする事もあります。腎のセルフケアにおすすめなのがふくらはぎを柔らかくする事です。ふくらはぎが硬い人は腎が弱っているサインです。ふくらはぎをポンプのように刺激して、気と血の巡りを促しましょう。これは、膝裏から骨を刺激する動きにもなるので、腎のケアに最適です。テレビを見ながらなど普段の生活に簡単に取り入れられるのもおすすめの理由です。

おわりに

最後までお読みいただきありがとうございます。

この本は元々、毎日の立ち方を整える事で顔のたるみを解決する本の企画書から生まれたものでした。ＭｄＮの山口社長から企画に興味を示していただけた日の事はいまでも忘れません。しかも美容本です。デザイナー職である私にとっては憧れの出版社であり、そこから出版する事は一大事でした。

幼い頃から外見にコンプレックスがあり、容姿に自信がないならば手に職をつけて生きるしかないと考えデザイナーになった私が、まさか美容本を出版するとは。当時は夢にも思いませんでした。

私の名前は〝立恵〟と書いて〝りつえ〟と読みますが、〝たつえ〟と読まれる事が多く、自分の名前が嫌いでした。読み間違えられるたびに、自分自身を否定されているような気がして、名前と外見のセットで自分が好きになれませんでした。

コンプレックスの塊だった事からデザイナー職に就いたものの、今度は金属アレルギーを発症……。しかし、体調を壊した事をきっかけに、東洋医学や五行を学び、ヨガやピラティス、ウォーキングでからだの使い方を知り、いまでは立つだけで表現するモデルをしながら、〝立つ〟事について指導しています。嫌いだった自分の名前に自分のミッションが書かれていた！　と驚きました。「五十にして天命を知る」と、かの孔子もいっていますが、50歳を過ぎて回りまわってデザイナーから天命と呼べるこの仕事に就けた事に感動しています。

コンプレックスでしかなかった外見も、嫌いだった名前も、からだを壊して悩んでいたあの時間も、いまとなっては全てがかけがえのない宝物です。

また、東洋医学をはじめ五行、望診のエキスパート、三浦先生が本書の監修をしてくださいました。あの時、からだを壊して悩んでいなければ出会えなかった師が、こうして本づくりに携わってくださった事に大きな幸せを感じています。人生とは必然の連続で、何ひとつ無駄な事はないですね。

当初は、立ち方から顔のたるみにアプローチする企画でしたが、実はその時は東洋医学や五行の考えを取り入れる方向ではありませんでした。しかし、打ち合わせを重ねるうちに、この本には東洋医学、五行の存在は外せないと担当編集の澤さんが引き出してくださいました。その分、時間はかかりましたが、著書の思いを真摯に届けようとするその姿勢に心打たれました。そんな素晴らしい方々のおかげでできた1冊です。

本書が誰かのお役に立てる事があるならば、こんなに大きな喜びはありません。手に取ってくださる皆さまがますます美しく輝く事を願って。

２０１９年11月　松原立恵

参考文献

三浦直樹 著『顔を見れば隠れた病気がわかる（内臓の不調を自分でチェック！）』マキノ出版、２０１８
藤本靖 著『1日1分であらゆる疲れがとれる耳ひっぱり』飛鳥新社、２０１３
藤本靖 著『感じる力をとり戻しココロとカラダをシュッとさせる方法 わりばし&輪ゴムのワークが効く！』マガジンハウス、２０１５
村井玉枝／中村勝美 共著『心と体がよみがえる経絡ストレッチ―疲労感・イライラ解消！』池田書店、２０１２
佐藤青児 著『輪ゴム一本で身体の不調が改善する！：さとう式リンパケア』晶文社、２０１６
山村慎一郎 著／中島デコ 料理『美人のレシピ―マクロビオティック望診法』洋泉社、２００７
久司道夫 著／柿本和子 翻訳『顔でもわかる健康チェック―クシマクロビオティック望診法』日貿出版社、２００８
星野稔 著『気功健康法』日本文芸社、１９８５
間々田佳子 監修『DVD付き 間々田佳子の顔ヨガで即たるみ上げ&小顔』ぴあ、２０１４
渡邉由 著『顔診断で不調を治す・防ぐ』産業編集センター、２０１８
佐藤弘／吉川信 監修『いちばんわかりやすい 東洋医学の基本講座』成美堂出版、２０１３
石垣英俊 著『コリと痛みの地図帳 プロが教えるマッサージの処方箋72』池田書店、２０１８
杏仁美友 監修『漢方をはじめよう』成美堂出版、２００８

制作スタッフ
［監修］　三浦直樹（みうらクリニック）
［撮影］　井上直哉（目黒スタジオ）
［ヘアメイク］　清宮令子
［イラスト］　黒川輝代子
［テキスト］　田幸宏美
［デザイン］　山口桂子、山口吉郎（atelier yamaguchi）
［編集長］　山口康夫
［企画・編集］　澤 孝治

顔のたるみでもう悩まない美習慣

2019年12月11日　初版第1刷発行

［著者］　松原立恵
［発行人］　山口康夫
［発行］　株式会社エムディエヌコーポレーション
〒101-0051
東京都千代田区神田神保町一丁目105番地
https://books.MdN.co.jp/
［発売］　株式会社インプレス
〒101-0051
東京都千代田区神田神保町一丁目105番地
［印刷・製本］　日経印刷株式会社

【カスタマーセンター】
造本には万全を期しておりますが、万一、落丁・乱丁などがございましたら、送料小社負担にてお取り替えいたします。お手数ですが、カスタマーセンターまでご返送ください。

落丁・乱丁本などのご返送先
〒101-0051 東京都千代田区神田神保町一丁目105番地
株式会社エムディエヌコーポレーション カスタマーセンター
TEL：03-4334-2915

内容に関するお問い合わせ先
info@MdN.co.jp

書店・販売店のご注文受付
株式会社インプレス　受注センター
TEL：048-449-8040／FAX：048-449-8041

ISBN978-4-8443-6936-3
C0077